C.H.BECK ■ WISSEN

in der Beck'schen Reihe

Suraiya Faroqhi schildert knapp, kenntnisreich und lebendig die Geschichte eines der mächtigsten Reiche des späten Mittelalters und der Neuzeit, das noch zu Ende des 19. Jahrhunderts das gesamte Gebiet der heutigen Staaten Türkei, Irak, Syrien, Libanon, Israel sowie Teile Griechenlands umfaßte.

Die Darstellung folgt der Chronologie der politischen Geschichte vom 14. Jahrhundert bis zur Auflösung des Reiches nach dem Ersten Weltkrieg und bezieht dabei die Geschichte von Wirtschaft, Gesellschaft und Kultur überall gleichwertig ein. Hieraus ergibt sich ein ungewöhnlich farbiges Bild vom Osmanischen Reich: Die bisherige Vorstellung von einer erstarrten osmanischen Wirtschaft und Gesellschaft, die kaum mit der abendländischen, europäischen verflochten war, muß revidiert werden. Einzelne gesellschaftliche Gruppen und Provinzen suchten im eigenen Interesse mit Nachdruck den Anschluß an Europa. Warum der Vielvölkerstaat trotz dieser Bemühungen und trotz seiner – angesichts der heutigen Konflikte ganz erstaunlichen – religiösen Toleranz zerbrach, macht die Autorin eindringlich deutlich.

Suraiya Faroqhi, geboren 1941 in Berlin, lehrte seit 1971 an der Middle East Technical University Ankara und ist seit 1988 Professorin für Osmanistik an der Ludwig-Maximilians-Universität München. Im Verlag C. H. Beck erschien von ihr außerdem der Band „Kultur und Alltag im Osmanischen Reich" (1995).

Suraiya Faroqhi

GESCHICHTE DES OSMANISCHEN REICHES

Verlag C.H. Beck

Mit zwei Karten

1. Auflage. 2000
2., unveränderte Auflage. 2001
3., durchgesehene und aktualisierte Auflage. 2004

4. Auflage. 2006

Originalausgabe
© Verlag C. H. Beck oHG, München 2000
Gesamtherstellung: Druckerei C. H. Beck, Nördlingen
Umschlagentwurf: Uwe Göbel, München
Printed in Germany
ISBN-10: 3 406 46021 6
ISBN-13: 978 3 406 46021 0

www.beck.de

Inhalt

Zur Umschrift

Bei Wörtern, die auf das Osmanische Reich Bezug nehmen, wird die heutige türkische Lateinschrift benutzt. Bei den wenigen arabischen und persischen Wörtern, denen ein solcher Bezug fehlt, wird die Umschrift der *Encyclopedia of Islam* zugrunde gelegt, allerdings ohne die diakritischen Punkte und Striche.

Einführung

Ohne Kenntnis der osmanischen Geschichte ist es schwierig, viele der Ereignisse und Entwicklungen zu verstehen, die für die spätmittelalterliche und neuzeitliche Geschichte Europas von Bedeutung sind.[1] Lassen wir einmal die einigermaßen abgegriffene Feststellung beiseite, daß die osmanischen Armeen zweimal vor Wien standen (1529, 1683) und daß zumindest bei der ersten Belagerung das Scheitern des Angriffs mehr mit dem unerwartet schlechten Septemberwetter zu tun hatte als mit der militärischen Macht der Habsburger. Sattsam bekannt sind auch die Geschichten von der Einflußnahme des Deutschen Reiches, besonders im Militärwesen, während der letzten Jahrzehnte osmanischer Existenz.

Wie wir aber alle wissen, oder zu wissen glauben, geht die heutige Präsenz von Türken in Mitteleuropa nicht auf die osmanische Geschichte, sondern auf die Entwicklungen der letzten vierzig Jahre zurück: die Hochkonjunktur von 1949–73 hat diese Einwanderung mitbestimmt, und auf längere Sicht zeigt das Gefälle zwischen einer Industriegesellschaft mit rückläufiger Bevölkerung und einem sich industrialisierenden Land mit starkem Bevölkerungswachstum seine Wirkungen. Aber schon während der Türkenkriege des 15. bis 17. Jahrhunderts hat es eine, wenn auch zahlenmäßig begrenzte, Präsenz osmanischer Muslime im christlichen Mitteleuropa gegeben. Man kann, sogar in deutscher Übersetzung, die Lebensgeschichte Osman Ağas nachlesen, der zu Ende des 17. Jahrhunderts als Gefangener nach Wien kam.[2] Und im Germanischen Nationalmuseum in Nürnberg gibt es den Grabstein des kleinen Mustafa aus Budapest, der sechsjährig im Schloß Brake bei Lemgo starb. Aber nur wenige Besitzer solcher Kriegsgefangenen haben sich die Mühe gemacht, ihren Dienern nach deren Tode ein Denkmal zu setzen.

Wer als Gefangener das Erwachsenenalter erreichte, wurde, wenn ihm nicht wie Osman Ağa eine abenteuerliche Flucht gelang, vor Ort getauft und verheiratet. Diese Menschen

9

haben in unserem heutigen Bewußtsein kaum Spuren hinterlassen.

Besser bekannt, zumindest unter Fachleuten, sind die Mitteleuropäer, die es als Reisende, oder wiederum als Kriegsgefangene, ins Osmanische Reich verschlug. Der Nürnberger Kaufmann Wolffgang Aigen vertrat eine venezianische Firma in Aleppo (1656–63), während sein älterer Landsmann Hans Dernschwam, pensionierter Angestellter der Fugger, ein Tagebuch von seiner Reise nach Istanbul und Amasya hinterlassen hat (1553–55).[3] Unter den Kriegsgefangenen ist einer der ältesten – und am weitesten gereisten – der bayerische Landadelige Hans Schiltberger, der zunächst in die Gefangenschaft Sultan Bayezids I. und dann in die Timurs geriet (1396–1427).[4] Aus bescheideneren sozialen Verhältnissen – aber immerhin des Lesens und Schreibens kundig – war der Soldat Johann Wild aus Nürnberg, der als kriegsgefangener Sklave bis nach Mekka kam.[5] Schiltberger und Wild gelang die Rückkehr in die Heimat; aber die meisten ihrer Schicksalsgenossen dürften den Islam angenommen haben und von ihren Dienstherrn vor Ort verheiratet worden sein, falls sie die ersten Monate der Gefangenschaft mit ihren mannigfachen traumatischen Schrecken überlebten. Auch sie haben im Bewußtsein der Menschen des 20. Jahrhunderts kaum Spuren hinterlassen.

Es gibt also so etwas wie eine verschüttete gemeinsame Geschichte von Osmanen und Mitteleuropäern, die über religiöse und politische Gegensätze, aber auch über die improvisierte Bündnissuche des durch eigene Fehler isolierten Hohenzollernreiches hinausgeht. Es gibt jedoch noch andere Gründe, sich mit der Geschichte des Osmanischen Reiches zu beschäftigen. Betrachten wir doch eine Landkarte aus dem Jahre 1890: Zu jener Zeit hatten die neuen Nationalismen auf dem Balkan sowie die Jagd auf Kolonien und „informal empires" durch die Regierungen der größeren europäischen Staaten bereits zum Verlust zahlreicher ehemals osmanischer Territorien geführt. Trotzdem waren die Gebiete, die heute Irak, Syrien, Libanon, Israel, Palästina, die Türkei und Teile Griechenlands ausmachen, vor hundert Jahren noch Provinzen des Osmanischen

10

Reiches. Die Erdölquellen Mosuls waren schon in osmanischer Zeit bekannt, während jüdische Einwanderer begonnen hatten, sich gegen vielfache Opposition der Einheimischen in Palästina niederzulassen. Auch waren bereits vor hundert Jahren Araber, meist aus Syrien und dem Libanon, nach Nordamerika eingewandert, so daß die heute beachtliche Gruppe der Arab Americans wenigstens zum Teil als ein Ergebnis osmanischer Entwicklungen und Konflikte zu verstehen ist. Desgleichen wurde der Bürgerkrieg im Libanon (1975–90) zwar zweifellos wegen sozialer und politischer Gegensätze des späteren 20. Jahrhunderts über fünfzehn Jahre hinweg mit großer Erbitterung ausgefochten. Aber ein wichtiger Konfliktfaktor, nämlich die Präsenz großer Gruppen von ländlichen Zuwanderern, die von der kaufmännischen Elite Beiruts weder politisch noch wirtschaftlich integriert worden waren, ist auch aus dem osmanischen Libanon der Jahre um 1860 mit seinen bürgerkriegsähnlichen Zusammenstößen wohlvertraut. Ebenso ging es zweifellos in den Kriegen, die die kürzliche Auflösung Jugoslawiens begleiteten, um heutige Interessen und nationale Ambitionen. Dennoch ist es bemerkenswert, daß die bosnischen Muslime von ihren Gegnern so oft, und gegen alle historische Wahrheit, als Türken bezeichnet werden. Der propagandistische Rückgriff auf die Türkenkriege des 17. und die Unabhängigkeitsbewegungen des 19. Jahrhunderts ist dabei nur allzu deutlich.

Das vorliegende Buch ist in vieler Hinsicht der Methodik des französischen Historikers Fernand Braudel verpflichtet.[6] Dieser geht von der Annahme aus, daß wirtschaftliche, politische und auch kulturelle Phänomene miteinander in engen Beziehungen stehen, aber sich nicht notwendig in denselben Zeitrhythmen verändern. So kommt es zu einem Zustand, den man die „Gleichzeitigkeit des Ungleichzeitigen" genannt hat.[7] Braudel hat außerdem, wie auch sein jüngerer amerikanischer Kollege Immanuel Wallerstein, die Vorstellung von den verschiedenen „Weltwirtschaften" entwickelt, unter denen die europäisch-kapitalistische nur eine ist. Letztere hat seit dem 16. Jahrhundert rasch expandiert und sich andere Weltwirtschaften zum Teil oder ganz einverleibt („inkorporiert"); den vorläufigen Höhepunkt dieser Entwicklung bilden der Kolonialismus und Imperialismus des 19. und 20. Jahrhunderts.[8] In Braudels Perspektive stellt die osmanische Weltwirtschaft einen Sonderfall dar, da sie sich trotz ihrer geographischen Nähe zu Europa bis ins späte 18. Jahrhundert hinein erfolgreich der Inkorporierung widersetzt hat. Auch das vorliegende Buch geht von dieser Annahme aus. Überdies scheint der Inkorporationsprozeß in verschiedenen Regionen sehr unterschiedlich rasch verlaufen zu sein. Man kann von einer „Inkorporation in Schüben" ausgehen. So ist es wichtig, Pauschalurteile zu meiden und genau zu definieren, von welcher Region und welcher Zeit die Rede sein soll. Wir werden bisweilen Regionen herausgreifen, die im Hinblick auf die Inkorporation besonders lehrreich sind, wie etwa Ägypten im frühen 19. Jahrhundert.

Andererseits ist gegen die „Inkorporationstheorie" eingewandt worden, daß sie die Aktivitäten örtlicher Kaufleute und manchmal auch Handwerker nicht genügend berücksichtige. Schließlich ist eine Theorie unbefriedigend, die behauptet, daß, was immer auch Menschen tun und sich ausdenken, der Ausgang allein durch unpersönliche Faktoren bestimmt wird. Neuere Wirtschaftshistoriker haben sich mit den Strategien befaßt, mit deren Hilfe osmanische Produzenten auf die Herausforderung der „Inkorporation" reagiert haben. Daraus ist ein Bild der wirtschaftlichen Entwicklung entstanden, das sehr viel differenzierter ist, als frühere Historiker angenommen hatten.[9]

Etwas von den Ergebnissen dieser neueren Geschichtsforschung soll im vorliegenden Buch vermittelt werden. Dabei wird kulturellen und wirtschaftlich-sozialen Fragestellungen ganz bewußt der gleiche Stellenwert zuerkannt wie der politischen Geschichte. Denn der osmanische Staat und die osmanische Gesellschaft sind viel zu oft lediglich als kriegerische verstanden worden. Seit wir wissen, daß auch europäische Staaten der frühen Neuzeit hauptsächlich durch und für den Krieg existierten, ist es kaum gerechtfertigt, die Kriegführung und die auf den Krieg ausgerichtete politische Organisation als osmanische Besonderheiten zu betrachten.

12

Unser Stoff gliedert sich in vier Kapitel, die alle eine ähnliche Struktur aufweisen. Am Anfang wird jeweils in knappen Strichen die politische Geschichte des Osmanenreiches während einer bestimmten Epoche skizziert. Darauf folgen weitere Abschnitte, in denen verschiedenartige Themen aus dem Bereich des wirtschaftlichen und gesellschaftlichen Lebens sowie der Künste behandelt werden. Auch politische Entwicklungen, die nicht ohne weiteres in das Schema von Krieg und Eroberung gepreßt werden können, finden in diesem zweiten Kapitelteil ihren Platz. Dabei werden die Zeitgrenzen, die für die Kurzdarstellungen der politischen Geschichte gelten, nicht selten überschritten.

Das erste Kapitel reicht von der Entstehung des Osmanenstaates um etwa 1300 bis in die Regierungszeit Mehmeds II. (1451–81).[10] Dieser Epoche kommt eine besondere Bedeutung zu, sowohl was die innenpolitische Entwicklung, als auch was die äußere Expansion betrifft. Um dies zu verdeutlichen, wird hier die politische Geschichte über die allgemein akzeptierte „Epochengrenze" von 1453 (Eroberung Istanbuls) bis zum Tode Mehmeds II. im Jahre 1481 hinausgeführt.

Ein zweites Kapitel behandelt dann hauptsächlich das späte 15. und das gesamte 16. Jahrhundert. Über eine Epochengrenze um das Jahr 1600 läßt sich streiten. Viele Mitglieder der osmanischen Oberschicht, die in dieser Zeit lebten, sahen die Periode um 1600 als eine Krisenzeit an, und diese Sicht ist auch von der Sekundärliteratur übernommen worden. Besonders ältere Autoren lieben es, zu diesem Zeitpunkt den „Niedergang" des Reiches beginnen zu lassen. Aber da ist Vorsicht geboten. Wenn man die Expansion bzw. Schrumpfung des Osmanenstaates als Maßstab für die Aufteilung in Epochen benützt, sollte man nicht vergessen, daß trotz aller innenpolitischen Krisen das Osmanische Reich erst in der zweiten Hälfte des 17. Jahrhunderts seine maximale Ausdehnung erreichte. Wenn dennoch in diesem Buch um 1600 ein neues Kapitel beginnt, dann aus dem einfachen Grunde, daß Abschnitte, die alle ungefähr einhundertfünfzig Jahre dauern, schreibtechnisch leichter zu bewältigen sind als solche, die in ihrer Dauer stark variieren. Auch könnte man sachliche Gesichtspunkte vorbringen. Zum einen stellt das Ende des offenen Konfliktes zwischen dem spanischen und osmanischen Weltreich im Mittelmeer ein so wichtiges Ereignis dar, daß man es ohne weiteres als Epochengrenze betrachten kann. Zum anderen bekamen gegen Ende des 16. Jahrhunderts bestimmte osmanische Gewerbe zum ersten Mal die negativen Auswirkungen europäischer Konkurrenz zu spüren. Doch waren diese Schwierigkeiten auf bestimmte Orte und Gewerbe begrenzt, so daß man von einer generellen „Inkorporierung" in die europäische Weltwirtschaft noch nicht sprechen sollte.

Das dritte Kapitel befaßt sich mit der Zeitspanne, die um 1600 beginnt und bis zum Ende des russisch-osmanischen Krieges im Frieden von Küçük Kaynarca (1774) dauert. Für unsere Einteilung, die auf territorialer Ausdehnung und Schrumpfung beruht, erscheint dieses Datum als Epochengrenze sehr geeignet. So bedeutete der Verlust der Krim mit ihren muslimischen Bewohnern für das Selbstverständnis der osmanischen Oberschicht einen starken Einschnitt. Auch war bis zu diesem Zeitpunkt das Russische Reich zwar als ein gefährlicher, aber durchaus besiegbarer Gegner erschienen; doch mit den Augen eines osmanischen Staatsmannes gesehen, begann mit dem Krieg von 1768–74 das kaum aufzuhaltende Vordringen des Zarenreiches auf dem Balkan. Daß dieser Krieg auch zugleich eine Phase wirtschaftlicher Expansion beendete und den Beginn einer langfristigen Krise bezeichnete, legt es besonders nahe, hier ein „langes 19. Jahrhundert" beginnen zu lassen. Im letzten Viertel des 18. Jahrhunderts beginnt auch die Eingliederung wichtiger Regionen in die europäisch dominierte Weltwirtschaft, indem sich für den osmanischen Handwerker die Konkurrenz englischer und französischer Industriewaren verstärkte.

Das vierte Kapitel beginnt also 1774 und führt bis zum Ende des Reiches nach dem Ersten Weltkrieg. Genau genommen bestand das Osmanische Reich bis zur Ausrufung der Republik 1923. Der türkische Unabhängigkeitskrieg ist zunächst ein Krieg gegen Griechenland, das 1920–22 mit – hauptsächlich –

14

britischer Unterstützung in Anatolien auf Eroberungen ausge-
zogen war. Mehmed VI. Vahideddin, der damalige Sultan
(1918–22), war an diesem Krieg nur mittelbar beteiligt, indem
er nämlich von Istanbul aus für die Alliierten Partei ergriff und
damit sein Amt gründlich diskreditierte. Der wirkliche Organi-
sator des Widerstandes gegen die griechisch-englisch-franzö-
sisch-italienische Allianz war Mustafa Kemal (später Atatürk),
ein osmanischer General des Ersten Weltkriegs. Diesem war es
gelungen, die örtlichen Honoratioren Anatoliens für den Wi-
derstand gegen die Angreifer zu gewinnen und aus Resten des
osmanischen Heeres sowie neu eingezogenen Truppen eine
schlagkräftige Armee zu mobilisieren.

Natürlich lassen sich diese Kämpfe nicht ohne Bezug auf die
vorhergegangenen Ereignisse verstehen. Doch scheint es ver-
tretbar, die Geschichte des Osmanischen Reiches mit dem Ende
des Ersten Weltkriegs abzuschließen. Für diese Epochengrenze
spricht auch, daß nach dem Zusammenbruch der osmanischen
Front in Syrien 1918 das Territorium des Osmanischen Reiches
in großen Zügen auf das Gebiet der heutigen Türkei zusam-
mengeschrumpft war. Daß allerdings das Ende des Weltkriegs
auch im wirtschaftlichen Bereich sowie in den internationalen
Beziehungen einen Umschwung bedeutete, kann man bezwei-
feln. Nach wie vor versuchten die verbliebenen europäischen
Großmächte, wirtschaftliche Interessensphären in direkt kon-
trollierte Territorien zu verwandeln. Auch auf der osmanischen
bzw. türkischen Seite gab es Kontinuitäten: Zum Beispiel versuchten die Behörden beider Staaten, mit politisch-administra-
tiven Mitteln eine muslimisch-türkische Bourgeoisie ins Leben
zu rufen. Diese Verbindungslinien haben manche Historiker
dazu veranlaßt, die große Zäsur in der osmanisch-türkischen
Geschichte heute viel später anzusetzen als früher üblich, etwa auf den Übergang zum Mehrparteiensystem in der Republik Türkei 1946–50. Brachte doch der Wahlsieg der damaligen Opposition (1950) nicht nur die beginnende Mechani-
sierung der Landwirtschaft, sondern auch einen Anteil an der
politischen Macht für Kaufleute und Fabrikbesitzer. Derlei
hatte es im Osmanischen Reich kaum jemals gegeben.

15

1. Aufstieg und Expansion
(1299–1481)

Die Entstehung des osmanischen Staates

Die ältesten Informationen über ein osmanisches Kleinfürstentum weisen in das erste Viertel des 14. Jahrhunderts. Zunächst war dies nur einer der zahlreichen Kleinstaaten, die das Machtvakuum ausfüllten, das durch die Auflösung des anatolischen Seldschukenstaates (zweite Hälfte des 13. Jahrhunderts) und den Rückzug der in Iran etablierten mongolischen Oberherrn (erste Hälfte des 14. Jahrhunderts) entstanden war. Zu den wichtigsten Konkurrenten des expandierenden Osmanenstaates gehörten das Fürstentum der Eretna (Zentrum in Sivas) und der sehr viel langlebigere zentralanatolische Staat der Karaman-Dynastie. Aber auch die in Südwestanatolien herrschenden Familien der Aydın und Menteşe waren zumindest eine Zeitlang ernst zu nehmende Konkurrenten.

Die zeitliche Abfolge der ersten osmanischen Eroberungen ist gar nicht leicht zu bestimmen. Die frühen osmanischen Chroniken, meist lange nach den Ereignissen, gegen Ende des 15. Jahrhunderts abgefaßt, sind oft wenig präzis in ihren zeitlichen Angaben. Mit den spätmittelalterlichen Darstellungen, die in den verschiedenen Fürstentümern der Balkanhalbinsel entstanden sind, steht es auch nicht besser. Deshalb finden sich, selbst für manche wichtigen Ereignisse, wie etwa die Eroberung Edirnes, in heutigen Standardwerken zuweilen verschiedene Daten. Die erste bedeutendere Stadt, deren sich die Osmanen noch unter ihrem Gründungssultan Osman I. (1299–1326) bemächtigten, war Bursa. 1337 folgte Iznik, seinerzeit unter dem Namen Nicaea Tagungsstätte bedeutender frühchristlicher Konzilien. Bis zur Eroberung Edirnes (um 1361) blieb Bursa die osmanische Hauptstadt. Aber auch als die Sultane zumeist in Edirne lebten, bauten sie, und zwar bis zur Eroberung Konstantinopels/Istanbuls (1453), ihre repräsentativen Moscheen in Bursa, wo sie heute noch erhalten sind. Als zudem 1354 ein Erdbeben die Mauern der Stadt Gelibolu zerstörte, ergab sich für Sultan Orhan (1326–1362) die Gelegenheit, seinen ersten wichtigen Hafen zu gewinnen.

1355 leitete der Tod Stefan Dušans den Zerfall des serbischen Reiches ein. In den Jahren 1363–65 endete eine Serie von osmanischen Feldzügen in Thrakien und dem heutigen Südbulgarien mit der Eroberung von Plovdiv (früher: Philippopel, Filibe). Ein verspäteter Kreuzzug, von französischen, burgundischen, ungarischen und anderen europäischen Herrschern zum Entsatz des von Bayezid I. (1389–1402) belagerten Konstantinopel, aber auch mit weitergehenden Ambitionen organisiert, endete mit einer vollständigen Niederlage der europäischen Ritter (Nicopolis/Niğbolu, 1396). Die Folge war eine Konsolidierung der osmanischen Eroberungen in Europa. Zwar führte der Einfall Timurs (in europ. Sprachen meist Tamerlan, von Timur Lenk, „Timur dem Lahmen") zum vollständigen, wenn auch nur zeitweiligen Zusammenbruch der osmanischen Herrschaft in Kleinasien. Doch gelang es keinem der Balkanfürsten, während dieser Jahre des permanenten Thronstreits zwischen den Söhnen des abgesetzten Bayezids die osmanische Herrschaft über sein ehemaliges Territorium auf Dauer abzuschütteln.

Timur verblieb nicht lange in Anatolien, sondern kehrte nach der Eroberung des noch von Kreuzfahrern gehaltenen Izmir (1403) nach Täbris zurück, wo er bereits 1405 starb. Nach langem Bruderkrieg etablierte sich Mehmed I. als osmanischer Alleinherrscher (1413–21). Doch kam es bereits in den zwanziger Jahren wieder zur Expansion, zunächst in Anatolien. 1425 wurden Izmir sowie die südwestlichen Fürstentümer Teke und Menteşe zurückerobert. 1430 war die Reihe an Saloniki, lange die zweitgrößte Stadt des byzantinischen Reiches. 1439 hörte der serbische Staat zu bestehen auf. Damals war schon seit längerer Zeit das Königreich Ungarn, das seit 1427 die Festung Belgrad besetzt hielt, der eigentliche Gegner der Osmanen in Südosteuropa.

17

Das Zeitalter Mehmeds des Eroberers

Unter diesen Umständen war das byzantinische „Reich" wenig mehr als eine Enklave im osmanischen Gebiet, wenn auch mehrere Belagerungen an den noch immer starken Mauern und der für eine Verteidigung günstigen Lage Konstantinopels gescheitert waren (Blockade von 1394 an). Als jedoch 1451 der junge Sultan Mehmed II. den osmanischen Thron bestieg, begann er sogleich mit dem Bau einer Sperrfestung, die die Durchfahrt feindlicher Schiffe durch den Bosporus verhindern sollte, dem heute noch bestehenden Rumelihisarı. Auch setzte er Artillerie ein, auf die die Mauern von Konstantinopel noch nicht umgerüstet worden waren. Somit fiel die Stadt nach kurzer Belagerung im Mai 1453 in osmanische Hände.

Insgesamt war die Regierungsperiode Mehmeds II. eine Zeit rapider osmanischer Expansion. Im Norden wurde das Fürstentum der Krimtataren, eines der Überbleibsel der Mongolenherrschaft im heutigen Rußland und der Ukraine, zu einem abhängigen Fürstentum (1475). Die genuesischen Kolonien an der Schwarzmeerküste wurden zunächst dem Sultan tributpflichtig, und bald kam es zu einer regelrechten Eroberung; aus der genuesischen Kolonie Kaffa wurde die osmanische Provinzhauptstadt Kefe. Auch das kleine Komnenenfürstentum, das den Titel eines Kaiserreiches von Trapezunt in Anspruch nahm, wurde 1461 erobert und durch Umsiedlung und Bekehrung mancher Einheimischer bald weitgehend islamisiert. In Anatolien wurden das Fürstentum der Karamanoğulları zerschlagen und dem Osmanenstaat einverleibt (1469–74). Damit hatte die osmanische Expansion Zentralanatolien erreicht und der Machtbereich Mehmeds des Eroberers grenzte an das Gebiet, das sich schon seit einiger Zeit im Einflußbereich des syrisch-ägyptischen Mamlukenreiches befand.

In Rumelien wurde die Peloponnes von ihren byzantinischen und fränkischen Besitzern erobert und bildete fortan die osmanische Provinz Mora 1460–64. Auch Venedig mußte empfindliche Verluste hinnehmen (Euboa/Negroponte wurde 1470 osmanisch), nachdem die osmanische Vorhut Mehmeds II.

1478 bis nach Friaul vorgedrungen war. In Albanien ließ Mehmed II. die Festung Elbasan ("die Landangreifende") errichten; nach dem Tode des albanischen Fürsten Georg Kastriota/Skenderbeg (1468) befand sich auch ganz Albanien fest in osmanischer Hand. Albaner, die sich mit dieser Sachlage nicht abfinden wollten, emigrierten als geschlossene Gruppen nach Süditalien. Aber 1480 wurde auch eine italienische Festungsstadt, nämlich Otranto, von einem osmanischen Militärkontingent erobert. Dies war wohl als erster Schritt zur Eroberung Italiens gedacht; aber als Mehmed II. im folgenden Jahr starb, setzte sein Sohn Bayezid II. (1481–1512) andere Prioritäten, und die Osmanen beendeten ihre Präsenz in Italien.

An der Grenze

Für den osmanischen Staat, am Rande der islamischen Welt gelegen, ergaben sich politische Machtmittel, die den meisten seiner Konkurrenten im Kampf um die Vorherrschaft in Anatolien nicht zur Verfügung standen. Gemeint ist zunächst einmal die Expansionsmöglichkeit in Südosteuropa (in osmanischer Terminologie: Rumelien), nicht nur auf den Territorien des byzantinischen Reiches, sondern bald auch der bulgarischen, serbischen und albanischen Fürstentümer. Von den rumelischen Besitzungen aus haben Mehmed I. und seine Nachfolger den osmanischen Staat nach Bayezids Niederlage vor Ankara bald rekonstituiert. Ohne die Besitzungen auf dem Balkan wäre diese Politik viel schwieriger, wenn nicht unmöglich gewesen.

Zunächst ergaben die Nähe des byzantinischen Staates für die frühen Osmanensultane Möglichkeiten des Eingreifens. Folgte doch im Byzanz des 14. Jahrhunderts eine Thronstreitigkeit auf die andere, und die byzantinischen Kaiser bzw. Prätendenten waren durchaus bereit, aus den Nachbarstaaten Bundesgenossen anzuwerben. Hierbei mochten muslimische Nachbarn durchaus als weniger gefährlich erscheinen als die Lateiner. Denn auch nach der byzantinischen Wiedereroberung

Konstantinopels (1261) beherrschten Venezianer und Genuesen den Mittelmeerhandel, während ehemals byzantinische Gebiete, wie die Peloponnes und zahlreiche ägäische Inseln von „fränkischen" Dynastien beherrscht wurden. Im Jahre 1347 machte sich Johannes Kantakuzenos, der bereits eine Tochter mit dem osmanischen Sultan Orhan verheiratet hatte, nach einer erfolgreichen Rebellion gegen den legitimen Thronfolger zum byzantinischen Kaiser. Andere byzantinisch-osmanische Allianzen folgten, die es den Sultanen erlaubten, sich auf der europäischen Seite des Marmarameeres festzusetzen.

Nicht der geringste unter den „politisch-ideologischen" Vorteilen, die sich aus der Grenzlage ergaben, war die Anziehungskraft, die die Möglichkeit von Kriegs- und Beutezügen im Land der Ungläubigen auf zahlreiche junge Krieger Anatoliens ausübte. Diese als *gazi* bekannten Streiter konnten unter Umständen auch Untertanen benachbarter anatolischer Fürstentümer sein, das heißt, der osmanische Staat gewann an militärischen Ressourcen auf Kosten seiner muslimischen Nachbarn. Ähnlich wie bei den christlichen Kreuzrittern ließ sich auch bei den islamischen Glaubenskriegern der Wunsch, die wahre Religion zu verbreiten, leicht mit der Hoffnung auf Land und Beute vereinbaren.

Überdies ist zu bedenken, daß im 14. Jahrhundert Anatolien von zahlreichen Nomadenstämmen bewohnt wurde, die auf der Suche nach Weideland bereit waren, auf die Balkanhalbinsel überzusetzen. Allerdings wurde bei Nomaden, die sich in Rumeli angesiedelt hatten, die Stammesstruktur sehr bald durch eine rein militärische ersetzt. Über die Art, in der dies vonstatten ging, wissen wir wenig. Doch könnte die Militarisierung der rumelischen Nomaden darauf hinweisen, daß der osmanische Staat die Einwanderung dieser muslimischen Untertanen in die Balkanprovinzen zwar förderte, aber auch zu kontrollieren suchte. Angesichts der zahlreichen von Nomadenstämmen gegründeten anatolischen Fürstentümer dürften die osmanischen Sultane Garantien gegen künftige Aufstände und Staatsgründungen gesucht haben.

Für die Landnahme türkischer Nomaden auf dem Balkan

fließen die Quellen recht spärlich. Dieser Mangel hat die Austragung heftiger Debatten über die Bevölkerungsdichte des Balkans vor dem Beginn der osmanischen Eroberung und die kriegsbedingten Bevölkerungsverluste begünstigt. Weiß man doch nicht, in welchem Ausmaß die Pestepidemien des späten 14. Jahrhunderts die Bevölkerung, ganz unabhängig von den Kriegsereignissen, dezimiert haben. Immerhin bildeten herumziehende Armeen ein ideales Vehikel für die Pest. Historiker auf der Balkaninsel gehen – oft mit nationalistischem Interesse – von einer sehr hohen Bevölkerungszahl auf dem Balkan vor der osmanischen Eroberung aus. Türkische Historiker dagegen (und viele Osmanisten) schätzen die Zahlen weitaus niedriger ein. Zu mehr als begründeten Vermutungen reichen die Quellen jedoch auf keinen Fall.

Heer und Staatsapparat

Diese raschen Eroberungen setzten eine gute Heeresorganisation voraus. In der Kriegführung des 14. und 15. Jahrhunderts spielten das Reiterheer sowie blanke Waffen wie Schwerter und Säbel noch eine zentrale Rolle. Die Reiter wurden finanziert durch die sogenannten *timare*, Zuweisungen von meist dörflichen Steuergerechtsamen durch die Verwaltung des Sultans. Der Inhaber eines *timars* war verpflichtet, beritten zu Feldzügen zu erscheinen, und wenn sein *timar* groß genug war, eine entsprechende Zahl von Bewaffneten mitzubringen. Für Pferd und Waffen hatte er selber aufzukommen.

Auf den ersten Blick ähnelt das *timar* dem mittelalterlichen europäischen Lehen; und tatsächlich weisen die beiden Einrichtungen gewisse Gemeinsamkeiten auf. In beiden Fällen kamen die Steuern von einer Dorfbevölkerung, die Familienhöfe selbständig bewirtschaftete; die Eigenwirtschaft des *timar*-Inhabers, die es bis ins späte 16. Jahrhundert hinein durchaus gab, spielte immer nur eine Nebenrolle. Auch die Tatsache, daß in beiden Fällen eine geringe Menge von Bargeld im Umlauf war, haben beide Gesellschaftssysteme gemeinsam. Aber von einer Naturalwirtschaft sollte man trotzdem nicht

21

sprechen. Selbst im 15. Jahrhundert – für ältere Zeiten fehlen die Quellen – konnten all diese Regelungen nur funktionieren, wenn es einen Markt in erreichbarer Nähe gab, auf dem der *timar*-Inhaber sich mit Pferden und Waffen versorgen konnte. Handwerker, die auf einem Gut dienten, wie wir sie für einige Zeiten und Orte der europäischen Geschichte durchaus kennen, sind für den osmanischen Bereich nicht belegt.

Es gab noch weitere bedeutsame Unterschiede zwischen dem *timar* und dem Lehen europäischen Stils. Das osmanische Recht kannte keine *commendatio*, durch die sich jemand in den Schutz eines Herren begab und diesem Loyalität versprach. Auch gab es keine Lehenspyramide mit einem obersten Lehensherrn, dem mächtige Lehnsmannen unterstanden, die ihrerseits wieder Lehnsherren von weniger mächtigen Lehnsleuten waren usw. Von Sklaven einmal abgesehen, waren alle arbeitenden Menschen direkte Untertanen des Sultans (*reaya*); diese waren allerdings den privilegierten Staatsdienern (*askeri*), zu denen sowohl die Richter (Kadis) als auch die *timar*-Inhaber gehörten, deutlich untergeordnet.

Auch Privatgerichtsbarkeiten waren im Osmanenreich unbekannt; in bestimmten Fällen wandten sich selbst Sklaven an den Kadi. Auch konnten sich die *timar*-Inhaber nicht, wie es im europäischen Mittelalter oft geschah, zu örtlichen Aristokratien umfunktionieren. Dazu wurden sie viel zu oft von einer Region in die andere geschickt. Der osmanische Zentralstaat des 15. und 16. Jahrhunderts war also seinen belehnten Reiterkriegern gegenüber um vieles mächtiger als die vorabsolutistischen europäischen Königreiche.

Unter den Fußsoldaten waren die berühmtesten ohne Zweifel die Janitscharen (osman. *yeniçeri*, neues Heer). Diese wurden ursprünglich aus dem Fünftel aller Kriegsgefangenen rekrutiert, das dem Sultan nach jedem Feldzug zustand. Später, als diese Zahl nicht mehr ausreichte, bestand ein großer Teil der Janitscharen aus zwangsweise rekrutierten christlichen Bauernsöhnen, die bereits Untertanen des Sultans waren. Diese Form der Rekrutierung heißt in der Sekundärliteratur Knabenlese (osman. *devşirme*). Das Verfahren wurde auch zur Auslese

22

zukünftiger hoher Staatsdiener genutzt. Während die letzteren in der Pagenschule des Palastes eine sorgfältige Ausbildung erhielten, wurden die künftigen Soldaten nach Anatolien zu Bauern geschickt, wo sie den Islam annehmen und die türkische Sprache erlernen sollten. War das einmal geschehen, so wurden sie in die Hauptstadt beordert, wo sie als „unerfahrene Jungen" (türk. *acemi oğlan*) darauf warteten, daß in den Reihen der Janitscharen eine Stelle frei wurde. Bis in die Mitte des 16. Jahrhunderts durften Janitscharen während des aktiven Dienstes nicht heiraten. Dies stand ihnen erst zu, wenn sie als gereifte Männer aus den Diensten des Sultans entlassen worden waren. Allerdings ist schwer zu bestimmen, wie weit diese Vorschrift in der Praxis auch eingehalten wurde. Andererseits war mit der Funktion eines Janitschars oder eines anderen Mitglieds der Sultanstruppen die Zugehörigkeit zum Staatsapparat verbunden. Dies bedeutete nicht nur Steuerfreiheit sondern auch das Privileg, nur von den eigenen Kommandanten abgeurteilt zu werden. Besonders in Provinzstädten gehörte ein Janitschar oftmals zu den angesehenen Leuten.

Janitscharen und andere Amtsträger des Sultans standen zu ihrem Herrn in einem engen Abhängigkeitsverhältnis, das der Sklaverei nicht unähnlich war. Insofern entsprach die Knabenlese der nahöstlichen mittelalterlichen Tradition, Sklaven bzw. ehemalige Sklaven des Herrschers in militärischen Funktionen zu beschäftigen. Die Treue der landfremden Soldaten zu ihrem Sultan, dem sie einen oft erheblichen sozialen Aufstieg verdankten, bildete, von der Perspektive des Herrschers aus gesehen, den wichtigsten Anziehungspunkt dieser Einrichtung. Bei den Janitscharen ergab sich allerdings für den strikten Exegeten des religiösen Rechts ein Problem; denn diese Männer waren ja gerade nicht landfremd, sondern Untertanen des Sultans. Wer aber in einem islamischen Staat lebte, durfte, ganz gleich welchen Bekenntnisses, nicht versklavt werden, es sei denn, er hätte als Nicht-Muslim versucht, die Herrschaft des Sultans abzuwerfen. Aber das war bei den Eingezogenen und ihren Familien ja gerade nicht der Fall. Man behalf sich manchmal mit der Konstruktion, Janitscharen und andere Sultansdiener seien keine Sklaven, sondern nur in den Dienst des Sultans berufen. Aber im 16. Jahrhundert kam es zumindest in Ägypten durchaus vor, daß freie osmanische Untertanen sich weigerten, von einem Amtsträger des Sultans, den sie als einen Sklaven ansahen, Befehle entgegenzunehmen.

Außerdem unterhielt der osmanische Staat irreguläre Truppen, die als *akıncı* („Renner und Brenner") im Vorfeld des eigentlichen Heeres Schrecken und Verwirrung verbreiten sollten; ein Teil dieser Einheiten, *martolos* genannt, bestand aus Christen. Die Nomaden der Balkanhalbinsel taten umschichtig ihren Dienst; während eine begrenzte Zahl von Männern aktiv an einem Feldzug teilnahm, waren die übrigen Mitglieder ihrer *ocak* genannten Einheit für die Versorgung zuständig. Ähnlich „bargeldlos" arbeiteten die im 15. Jahrhundert recht wichtigen Bauernsoldaten (*müsellem*), denen als Gegenleistung für ihre Dienste Höfe in anatolischen Dörfern zugewiesen worden waren.

Kommandiert wurden die osmanischen Einheiten aus der Provinz, jedenfalls seit der Zeit Mehmeds II., meist von Männern, die die Palastschule absolviert hatten und dann als Gouverneure in die Provinz geschickt worden waren. Diese Doppelfunktion der Gouverneure bedeutete, daß sie oft nicht an dem Ort zugegen waren, den sie verwalteten und von dessen Steuern sie ihre Aufgaben finanzierten. In den höchsten Rängen der Verwaltung wie des Militärs standen die Wesire, die regelmäßig zusammenkamen. Dieser Sultansrat (*divan-ı humayun*) unterstützte den Herrscher bei der Verwaltung des Reiches und fertigte auch Befehle in dessen Namen aus.

In Feldschlachten praktizierten die Sultane eine Strategie, an der europäische Feudalheere immer wieder gescheitert sind. Zunächst gab es nur einen Oberbefehlshaber, und das war in der Zeit von 1300 bis 1481 normalerweise der Sultan selbst. Untergeordnete Kommandanten waren berühmt für die Disziplin, mit der sie sich an den vorgegebenen Schlachtplan hielten. Europäische Heere dagegen waren meist Bundesheere, und oft kam es vor, daß bei der ersten Schwierigkeit die gegensätzlichen Interessen der Bündnispartner zum Zerfall der Schlacht-

24

ordnung führten; die Niederlage bei Nicopolis 1396 ist da nur ein Beispiel unter vielen. Überdies scheinen europäische Heerführer sehr häufig ein und derselben osmanischen Kriegslist zum Opfer gefallen zu sein: man ließ sich durch eine vermeintliche Flucht eines kleineren Armeekorps zur Verfolgung verleiten, um dann überraschenderweise, und an einer für den Ankömmling denkbar ungünstigen Stelle, auf das disziplinierte Haupttheer um den Sultan selbst zu stoßen. Dies führte dazu, daß den osmanischen Heeren des 15. Jahrhunderts geradezu der Ruf der Unbesiegbarkeit voranging.

Der Islam der frühen Osmanen

Die meisten Türken, die auf dem Balkan ankamen, waren bereits Muslime. Eine Ausnahme machten die heute noch in Rumänien ansässigen Gagauzen, die wahrscheinlich im 13. Jahrhundert, also in der vorosmanischen Epoche, einwanderten und orthodoxe Christen wurden. Allerdings sollte man, besonders bei den Nomaden, aber auch am Hofe Sultan Orhans, die Kenntnis bzw. Befolgung islamischer Sitten nicht überschätzen. Besitzen wir doch den Bericht des marokkanischen Weltreisenden Ibn Battuta (1304–1368/69 bzw. 1377), der bei seinem Besuch in Orhans Residenz Iznik von dessen Gemahlin empfangen wurde, da der Sultan selbst gerade abwesend war; in späteren Jahrhunderten wäre solch eine Geste undenkbar gewesen. Was nun die Religion der Nomaden anbelangt, so ist die Herkunft ihrer recht zahlreichen Praktiken nicht-islamischen Ursprungs noch immer umstritten. Manche Fachleute betonen die Rolle des Schamanismus, während andere eher auf Naturkulte setzen. Jedenfalls wurden Felsenformationen oder alte Bäume im ländlichen Islam Anatoliens gern mit den Wundern eines Heiligen in Verbindung gebracht.

Während der städtische Hochislam der Rechts- und Gottesgelehrten (*ulema*) für solche Praktiken keinen Raum ließ, agierten, wie schon aus unserem Beispiel ersichtlich, manche Derwischgemeinden recht flexibel. Es ist anzunehmen, daß die frühen osmanischen Sultane mit solchen mehr oder weniger heterodoxen Scheichs in freundlichen Beziehungen standen. In Chroniken aus dem 15. Jahrhundert wird die Geschichte überliefert, daß ein gewisser Scheich Edebalı dem Stammvater des Osmanenhauses Sultan Osman I., dem Namensgeber der Dynastie, die Weltherrschaft vorhergesagt und dem Fürsten seine Tochter zur Frau gegeben haben soll. Edebalı wiederum scheint zu der nicht geringen Zahl von Scheichen gehört zu haben, die enge Beziehungen zu einem Aufstand von Nomaden unterhalten hatten, der 1240 von dem damaligen Seldschukensultan unter Zuhilfenahme auch fränkischer Söldner blutig niedergeschlagen worden war. Einer dieser Söldner hat übrigens seine Abenteuer dem Dominikaner Simon de St. Quentin berichtet, so daß dessen Bericht eine der spärlichen Quellen darstellt, die wir für diesen Aufstand besitzen. Ein anderer Scheich aus demselben Milieu, dessen Anhänger in der osmanischen Geschichte eine große Rolle spielen sollten, war Hacı Bektaş, der sich vor den seldschukischen Verfolgungen in ein abgelegenes zentralanatolisches Dorf gerettet hatte. Wahrscheinlich seit der Mitte des 14. Jahrhunderts galt dieser Scheich, über dessen irdisches Leben kaum etwas bekannt ist, als Schutzpatron der berühmtesten osmanischen Truppe, der Janitscharen. Seine legendäre Vita, wenigstens zum Teil aus den Jahren um 1500 datierend, gehört zu den wichtigen Zeugnissen anatolischer Kulturgeschichte.[11]

Auch bei der türkischen Landnahme in Rumelien und bei der Islamisierung der örtlichen Bevölkerung spielten Derwische eine wichtige Rolle. Oft kam es vor, daß sich ein *Baba* (Vater) genannter religiöser Führer an einem noch wenig besiedelten Ort niederließ und Anhänger um sich scharte. Nach seinem Tode wurde sein Grab von den Umwohnenden verehrt, die sich von seiner Fürbitte gute Ernten, die Genesung von Krankheiten und reichen Nachwuchs erhofften. Spenden ermöglichten den Bau eines Derwisch-Konventes. Die osmanischen Sultane haben solche Einrichtungen früherer muslimischer Herrscher meist anerkannt und das Stiftungsgut bisweilen noch vermehrt. Davon erhoffte man sich u. a. eine bessere Sicherung der Verkehrswege, denn solche Konvente

26

waren verpflichtet, Reisende über Nacht zu beherbergen. Außerdem dürften zumindest einige osmanische Sultane beabsichtigt haben, mit der Unterstützung von Derwisch-Konventen auch die Islamisierung von christlichen Bauern und von ihren überkommenen Kulten anhängenden Nomaden voranzutreiben.

Außer den Derwischen förderten die osmanischen Sultane auch den städtischen Hochislam. Dies geschah besonders durch die Gründung von Moscheen und Schulen (*medrese*), in denen Dozenten islamisches Recht und Theologie lehrten und dadurch künftige Rechts- und Gottesgelehrte (*ulema*) ausbildeten. Da der Islam keine Priester kennt, war die Anleitung der Gläubigen in der rechten religiösen Praxis das Werk dieser Spezialisten. Man ging von der Annahme aus, daß Gott es nicht zulassen würde, daß die Muslime in ihrer Gesamtheit in die Irre geleitet würden. Deshalb waren Meinungen, die die allgemeine Zustimmung der *ulema* gefunden hatten, für die Gläubigen insgesamt verbindlich. Moscheen und *medresen* wurden gern mit Gästehäusern, in denen besonders reisende Derwische Obdach fanden, Armenküchen oder Schulen für kleine Kinder zu größeren Komplexen (*külliye*) zusammengefaßt. Oft ließen sich die Stifter, unter denen Sultane, Prinzen und Prinzessinnen eine hervorragende Rolle spielten, in der Nähe dieser Gebäude begraben. Zu den Diensten der Stiftung gehörte es ebenfalls, daß sie den dort Beschäftigten, also auch den in der *medrese* lehrenden Rechts- und Gottesgelehrten, ein Gehalt zahlte. Hervorragende Gelehrte erregten in dieser oft noch recht rustikalen Gesellschaft bald die Aufmerksamkeit des Sultans. So amtierte Scheich Bedreddin, der zugleich Mystiker und Rechtsgelehrter war, als Kadi für den Prinzen Musa, einen der im Thronstreit unterlegenen Söhne Bayezids I. Nach einem erfolglosen Aufstand wurde der Scheich 1417 in Serrai auf Befehl Mehmeds I. hingerichtet.

Eine neue Stadt, ein neuer Staat

Der Umbau Istanbuls zu einer osmanischen Stadt, mit einer starken muslimischen Präsenz, gehörte zu den vordringlichen Aufgaben, die sich Sultan Mehmed der Eroberer gestellt zu haben scheint. Zunächst diente die Hagia Sophia (Aya Sofya), zur Moschee umfunktioniert, als religiöses Zentrum der Stadt. Auch wurde ihr eine *medrese* angegliedert, in der nicht nur Theologie und Recht gelehrt werden sollten; denn der Sultan berief den Astronomen Ali Kuşçu, der vorher an der Sternwarte des Timuridenfürsten Uluğ Beg in Samarkand tätig gewesen war. 1463 begann Mehmed II. außerdem mit dem Bau eines großen Komplexes, der aus einer Moschee, sechzehn *medresen*, einer besonderen Schule für die Koranrezitation und anderen Einrichtungen bestand. Die Baustelle befand sich auf dem Platz der zu diesem Zweck niedergerissenen Apostelkirche. Was die Residenz anbelangte, so schwankte Mehmed II. wahrscheinlich eine Zeit lang zwischen Istanbul und Edirne. Denn in beiden Städten ließ er große Palastanlagen errichten: in Istanbul den Eski Saray auf dem Gelände, auf dem heute die Süleymans-Moschee und das Zentralgebäude der Universität Istanbul stehen, sowie den noch heute existierenden Topkapı Palast. Der Palast in Edirne ist während des Balkankrieges von 1877 von einem osmanischen General gesprengt worden; aber bis zum Beginn des 18. Jahrhunderts wurde er von vielen Sultanen, besonders während der Jagdsaison, ausgiebig benutzt.

Neben den Hof und die islamische Hochkultur trat das merkantile Leben. In spätbyzantinischer Zeit war das winzige Städtchen Galata, mit seinen meist genuesischen Kaufleuten, zum wirtschaftlichen Mittelpunkt der Region geworden; Mehmed II. verlegte ihn wieder auf das Südufer des Goldenen Horns, wo auf der Höhe zwei überdachte Geschäftsbauten (osman. *bedesten*) errichtet wurden: das Kernstück des heutigen Großen Bazars. Hier wurden wertvolle Waren gehandelt, und Mehmeds II. Großwesir Mahmud Paşa baute in der Nähe eine Moschee.

Aber das Hauptproblem war der Mangel an Menschen. Vor

der Belagerung waren viele geflohen, und während der dreitägigen Plünderung gleich nach der Eroberung hatte es weitere Verluste gegeben. Jetzt wurde eine Frist gesetzt, in der die Geflohenen sich einer Amnestie erfreuen und ihre Häuser wieder in Besitz nehmen konnten. Um die Einwanderung aus den alten osmanischen Provinzen zu fördern, wurde ein – später gebrochenes – Versprechen gemacht, daß die Zugewanderten Häuser zu freiem Eigentum erhalten sollten. Außerdem wurden bestimmten Provinzen Quoten von in die neue Hauptstadt zu entsendenden Zuzüglern auferlegt. Diese Menschen (*sürgün*) durften die Stadt, in die sie eingewiesen worden waren, nicht mehr verlassen. Obwohl etliche dieser Zuwanderer Christen waren, gab es unter ihnen doch genügend Muslime, um der Stadt einen islamischen Charakter zu verleihen. Höflingen scheint nahegelegt worden zu sein, in Istanbul Moscheen zu begründen.

Diese Neuregelungen veränderten das Leben vieler osmanischer Untertanen. Besonders für die gegen ihren Willen nach Istanbul verpflanzten *sürgün* bedeuteten sie oft eine große Belastung. Die Unzufriedenheit scheint sich freilich erst unter Mehmeds Nachfolger Bayezid II. (1481–1512) schriftlich artikuliert zu haben. In den Augen der Unzufriedenen war die alte Hauptstadt der römischen Kaiser ein verfluchter Ort, an dem seinerzeit sogar König Salomon den Versuchungen des Polytheismus erlegen war; selbst die Aya Sofya konnte, trotz der ungeteilten Bewunderung, die sie erregte, diesen Fluch nicht beseitigen.

Hinter solchen Angriffen standen aber auch Veränderungen im Verhältnis des Sultans zu seinen Untertanen. Die Bauern hatten für die Feldzüge des Eroberersultans erhöhte Steuern zu zahlen; was sie davon hielten, ist nicht überliefert. Mehr wissen wir über den Privilegienverlust der vornehmen Familien Anatoliens. Bis zur Zeit Mehmeds II. hatten manche Mitglieder solcher Familien auch im osmanischen Staat hohe Funktionen bekleidet. Dies aber wurde durch die Praxis Mehmeds II. sehr erschwert. Denn dieser neigte dazu, in hohe Ämter Männer zu berufen, die in der Pagenschule des Palastes ausgebildet und

29

dem Sultan in einem der Sklaverei recht ähnlichen Abhängigkeitsverhältnis untertan waren. Konnte der Herrscher solche Amtsträger doch hinrichten lassen, ohne ein Gericht zu bemühen; ganz zu schweigen von der Tatsache, daß er sie nach ihrem Tode beerbte. Die vergrößerte Distanz zwischen dem Sultan und seinem Hof spiegelte sich auch in der Tatsache, daß die erste überlieferte Regelung des Hofzeremoniells mit einer strikten Rangordnung der Würdenträger aus der Zeit Mehmeds des Eroberers stammt. Allerdings ist dieser Text im 16. Jahrhundert überarbeitet und dabei noch verschärft worden.

In die Pagenschule wurden Jugendliche aufgenommen, die entweder als Kriegsgefangene oder durch die Knabenlese nach Istanbul gekommen waren und besonders begabt erschienen. Die jungen Leute nahmen ihre Plätze in einer strikten Hierarchie ein; die am weitesten Fortgeschrittenen leisteten als Pagen dem Herrscher persönliche Dienste. Dieser bewohnte zur Zeit Mehmeds II. noch nicht den Harem, wie es in der zweiten Hälfte des 16. Jahrhunderts üblich wurde, sondern den dritten Hof des Palastes. Bei Abschluß der Ausbildung des Pagen vermittelte der Palast die Heirat, oft mit einer Frau, die selbst im Harem des Sultans erzogen worden war. Wer sich als Militär und Verwalter in der Provinz bewährte, konnte seit der Zeit Mehmeds II. damit rechnen, zurück in die Hauptstadt und zu den höchsten Staatsämtern einschließlich des Großwesirats berufen zu werden.

Einschneidende Veränderungen im Hofleben brachte auch die von Mehmed II. eingeführte Regel mit sich, daß ein Sultan nach seiner Thronbesteigung zwecks Vermeidung langer Bürgerkriege seine Brüder umbringen lassen sollte. Diese Praxis hielt sich bis zum Beginn des 17. Jahrhunderts. Eine der Primogenitur vergleichbare Regelung gab es zu dieser Zeit nicht; alle Söhne eines regierenden Sultans waren gleichermaßen nachfolgeberechtigt. Zur Vorbereitung auf ihr Amt wurden sie, begleitet von ihrer Mutter und einem als *lala* bekanntem Mentor, in die Provinz geschickt. Sobald sie alt genug dazu waren, begannen sie mit der Suche nach Bundesgenossen, die sie später als Thronkandidaten unterstützen würden. Wer die Janitscharen auf seine Seite bringen konnte, besaß normalerweise die besten Karten. Damit war der Thronfolgestreit nicht nur institutionalisiert, sondern gleichzeitig auf die Spitze getrieben; schon aus Selbsterhaltungstrieb mußte ein jeder Prinz sich um die Nachfolge bemühen. Erreichte der Herrscher ein einigermaßen fortgeschrittenes Alter, so fand der Kampf um die Nachfolge zu seinen Lebzeiten und mit seiner Beteiligung statt.

Zeitgenossen wie etwa der einer alten Derwischfamilie Zentralanatoliens entstammende Chronist Aşıkpaşazade, scheinen diese Entwicklung der Sultansherrschaft, mitsamt der sie begleitenden Hofkultur, mit einiger Skepsis betrachtet zu haben. Betont dieser doch in seiner Chronik, die er im hohen Alter während der zweiten Hälfte des 15. Jahrhunderts zu Papier brachte, gern das einfache Leben und die Zugänglichkeit der frühen osmanischen Sultane.

Gegen Ende seiner Herrschaft unternahm Mehmed II. noch einen Versuch, die Machtbasis der etablierten anatolischen Familien weiter zu schwächen. Viele dieser Familien erhielten nämlich einen Teil ihres Einkommens aus Stiftungen. Diese dienten zwar einem religiös-karitativen Zweck, aber den aus der Familie des Stifters oder der Stifterin entstammenden Treuhändern wurde bei der Verwaltung des Vermögens ein gewisser Spielraum überlassen. Aus der Sicht der Stifter hatte diese Regelung den Vorteil, daß die Bestimmungen des islamischen Erbrechtes, das eine Aufteilung auf viele Berechtigte vorsah, umgangen werden konnten. Wie wir schon gesehen haben, stammten so manche Stiftungen aus vorosmanischer Zeit, waren aber bei der osmanischen Eroberung bestätigt worden.

Mehmed II. unternahm nun einen Schritt, der dem islamischen Stiftungsrecht durchaus entgegenstand, er konfiszierte nämlich zahlreiche Stiftungen, die er vorher anerkannt hatte, und verwandelte ihren Besitz in *timare*. Von dem Schaden, den die Stifterfamilien durch diese Beschlagnahmung erlitten, einmal abgesehen, muß die Politik Mehmeds II. auch viele gewöhnliche Untertanen hart getroffen haben. Denn schließlich waren es Reisende, Schüler oder Beter, die gewöhnlich die

Dienste der Stiftungen in Anspruch nahmen. Als Mehmed II. 1481 starb, nahm denn auch sein Sohn und Nachfolger Bayezid II., der übrigens mit seinem Bruder Cem einen erbitterten Thronstreit ausfocht, diese Maßnahme alsbald wieder zurück.

2. Zwischen Ost und West
(1481–1600)

Konsolidierung unter Bayezid II.

Unter Bayezid II. erlebte das Osmanische Reich trotz mehrerer Kriege mit Venedig, Polen und den Mamlukensultanen eine gewisse Konsolidierungsphase. Die osmanische Kontrolle der Schwarzmeerküsten wurde durch die Eroberung der Hafenstädte Akkerman (Belgorod-Dnestrovskij/Ukraine) und Kilia (Kilija/Ukraine) zum Abschluß gebracht. Im 16. Jahrhundert wurde dann das Schwarze Meer, nun ein rein osmanisches Gewässer, für fremde Schiffe gesperrt; seine Küstengebiete sollten nur noch der Versorgung der rasch wachsenden Hauptstadt Istanbul dienen. Außerdem geriet Montenegro unter osmanische Oberhoheit, was allerdings bei der Armut und Abgelegenheit dieses Gebiets nicht allzuviel bedeutet haben dürfte.

Vom wirtschaftlichen Gesichtspunkt aus wichtiger war zweifellos die Einwanderung der spanischen und später auch portugiesischen Juden, die 1492 mit der Vertreibung aus Spanien unter Ferdinand und Isabella begann. Während diejenigen, die direkt aus Spanien kamen, ihr Vermögen zurücklassen mußten und nur ihre Geschäftsverbindungen mitbringen konnten, verließen viele aus jüdischen Familien stammende Getaufte im Laufe des 16. Jahrhunderts auf der Flucht vor der Inquisition ihre Heimatorte. Als Christen, die zunächst in ein christliches Land zogen, konnten sie große Teile ihres Vermögens retten. Die neuen Einwanderer wurden in Istanbul, wo die griechischsprachigen Juden schon unter Mehmed II. zusammengeführt worden waren, sowie in Saloniki angesiedelt. In letzterer Stadt machten die spanischen Juden die Anfertigung von wollenem Tuch heimisch, das in Mühlen außerhalb der Stadt gewalkt wurde. Ihnen wurde die Anfertigung des Uniformstoffes für die Janitscharen auferlegt. Außerdem gründeten die Einwanderer die erste im Osmanischen Reich funktionierende Druckerei (vielleicht 1493).

Die osmanischen Sultane im Nahen Osten (1481–1600)

Andererseits brachte der lange Krieg Bayezids II. mit den Mamlukensultanen (1484–91) keinen entscheidenden Machtgewinn, und an Stelle des von Mehmed II. besiegten Turkmenenfürsten Uzun Hasan etablierte sich in Persien ein jugendlicher Scheich des Safawiyya-Ordens als Schah Ismail I. (1500), der 1504 sogar Bagdad eroberte. Mit diesem neuen und expansiven Herrscher hatte der Osmanenstaat eine gemeinsame Grenze, die in der Nähe der ostanatolischen Stadt Erzincan verlief. Noch bedrohlicher war die Anziehung, die der neugegründete Staat auf die politisch und militärisch marginalisierten Nomaden Anatoliens ausübte. 1511 rebellierten Anhänger Schah Ismails, zunächst erfolgreich, tief in Südwestanatolien gegen die osmanische Herrschaft. Die Krise des Reiches wurde noch verschärft durch den Thronstreit zwischen den Söhnen Bayezids II.; im Zuge dieser Auseinandersetzungen zwang Prinz Selim 1512 seinen Vater zur Abdankung, tötete seine Brüder und bestieg selbst als Selim I. (1512–20) den Osmanenthron.

Die acht Jahre der Regierung Selims I. brachten wiederum eine Phase der rapiden Ausdehnung, allerdings diesmal nicht auf den Balkan, sondern im Nahen Osten. Nach Niederwerfung der anatolischen Anhänger Schah Ismails, die äußerst blutig verlief, besiegte Selim Schah Ismail 1514 bei Çaldıran und drang bis nach Westiran vor. Allerdings weigerten sich die Janitscharen, dem Sultan noch weiter nach Osten zu folgen.

Die osmanische Eroberung des Mamlukenstaates nahm wenig mehr als ein Jahr in Anspruch; 1516 begann der Feldzug mit der Eroberung der Stadt Diyarbekir in Südostanatolien, und im gleichen Jahr fiel der Mamlukenherrscher Kansuh al-Ghuri in der Schlacht bei Marj Dabik. Sein Nachfolger Tumanbay versuchte noch, Selim I. den Zugang nach Kairo zu verwehren; nach der verlorenen Schlacht von Raydaniyya wurde der letzte Mamlukensultan vor einem Tor seiner Hauptstadt gehenkt (1517). Der Scherif von Mekka bot seine Unterwerfung an, und Selim I. revanchierte sich mit der Zuweisung bedeutender ägyptischer Reichtümer zur Unterstützung der Bevölkerung des Hidschas, und damit, mittelbar, der Pilgerfahrt. Damit reichte die Macht des osmanischen Sultans bis in das südliche Rote Meer. Allerdings war die Kontrolle über den Jemen unsicher, und die osmanische Herrschaft in diesem Gebiet blieb bis zu ihrem Zusammenbruch 1635 weitgehend auf die Städte beschränkt.

Die Eroberungen Selims I. schufen eine ganz neue Lage: Fortan war das Osmanische Reich nicht mehr ein Staat des Balkans und des westlichen Anatoliens, mehr oder weniger am Rande der islamischen Welt gelegen, sondern umfaßte die alten Kernlande mit ihren Städten Kairo, Aleppo und Damaskus. In Syrien bewirkte die osmanische Eroberung einen Einschnitt in der Herrschaftspraxis; fortan wurden die syrischen Provinzen nicht mehr von Kairo, sondern von Istanbul aus verwaltet, was allerdings die Mitwirkung von lokal prominenten Familien, die oft in befestigten Häusern am Wüstenrand residierten, nicht ausschloß. Aber in Kairo blieb es bis ins frühe 19. Jahrhundert üblich, junge Militärsklaven ins Land zu bringen, die nach ihrer Ausbildung und Freilassung eine Art lokaler Aristokratie bildeten; der Hauptunterschied zwischen der vorosmanischen und der osmanischen Epoche lag darin, daß die Mamluken jetzt nicht mehr den Herrscher stellten.

Nach 1517 sank Kairo also zu einer Provinzstadt herab, aber neue Forschungen haben gezeigt, daß hier im 16. und 17. Jahrhundert viel Geld verdient und u. a. für prächtige Stadtpalais, Handelshäuser und Ladenstraßen ausgegeben wurde. Einerseits blühte der Handel mit Indien, und der Import von Gewürzen, Farben und bedruckten Baumwollstoffen erlaubte es manchen Kaufleuten, beträchtliche Reichtümer zu sammeln. Andererseits wurde seit der Mitte des 16. Jahrhunderts Kaffee, ursprünglich ein jemenitisches Genußmittel, zuerst in Ägypten und dann auch in Istanbul und Anatolien populär. Dieser Handel war ebenfalls sehr gewinnbringend, obwohl zumindest während des 17. Jahrhunderts der Kaffeegenuß mehrmals verboten wurde.[12] Kaffee- und Gewürzhändler hatten oft viel Gelegenheit, sich zu bereichern, weil sie mit Gütern handelten, die

35

weder zu den Lebens- noch zu den Kriegsnotwendigkeiten gehörten. Damit unterlagen sie nicht der strengen staatlichen Aufsicht, der sich etwa die Getreidehändler und Fleischer Istanbuls unterwerfen mußten. Auch zeigt der Fall dieser Kairoer Kaufleute, daß zumindest in Ägypten Geld verdient und auch an die nächste Generation weitergegeben werden konnte, ohne daß der Besitzer sich auf die eine oder andere Weise in den Staatsapparat integrierte. In den osmanischen Kernlanden waren die Möglichkeiten dazu sehr viel begrenzter, und diese Erkenntnis sollte uns davor warnen, die Entwicklung in den verschiedenen Provinzen über einen Kamm zu scheren.

Im Laufe des 16. Jahrhunderts dehnte der osmanische Sultan seine Macht auch auf die nordafrikanische Küste westlich Kairos aus. Dies geschah im Zuge der Auseinandersetzung mit Spanien und Portugal; ein im heutigen Algerien etablierter Korsar von der Insel Midilli (Lesbos), Hayreddin Barbarossa, unterwarf sich Selims I. Nachfolger Süleyman dem Prächtigen und wurde als Gouverneur anerkannt. 1534 avancierte er zum Oberkommandanten der osmanischen Flotte und eroberte bald darauf Tunis, das, besonders im Zuge der Einwanderung spanischer Muslime, zu einem bedeutenden Handels- und Gewerbezentrum wurde. Ein langer Feldzug Süleymans des Prächtigen 1533–36 brachte neben einer kurzen Besetzung von Täbris die Eingliederung des Irak mit den wichtigen Städten Mosul, Bagdad und Basra in das Osmanische Reich.

Expansion in Europa während des 16. Jahrhunderts

Die Thronbesteigung Süleymans des Prächtigen 1520 brachte eine erneute Westexpansion; bereits 1521 nahmen die Osmanen das schon einige Male vergeblich belagerte Belgrad ein, und 1526 endete die Schlacht von Mohacz mit der Niederlage des ungarischen Heeres und dem Tode Königs Lajos II. Süleyman setzte zunächst, wie es bei osmanischen Eroberungen oft geschah, einen lokalen Prätendenten namens Johann Zapolya zum König ein. Da aber dieser bald starb, und der habsburgische König Ferdinand I. Erbansprüche geltend machte,

36

denen er durch einen Feldzug Nachdruck verlieh, kam es zu einem längeren osmanisch-habsburgischem Krieg. Nach der osmanischen Eroberung von wichtigen Festungen (Pécs, Sikós, Gran) wurde zwischen 1541 und 1547 der größere Teil Ungarns osmanische Provinz, deren Verwaltung in der alten Königsstadt Buda angesiedelt war. Siebenbürgen blieb ein von den Osmanen abhängiges Fürstentum, während ein schmaler Streifen im Westen unter habsburgische Herrschaft geriet. Im Zuge dieses Krieges kam es 1529 auch zu einer kurzen Belagerung von Wien. Da der osmanische Machtbereich, entgegen der ursprünglichen Erwartungen am Sultanshof, Mitte des 16. Jahrhunderts seine maximale Ausdehnung nach Westen erreicht hatte, wurde Ungarn für anderthalb Jahrhunderte zum Grenzgebiet.

Im Mittelmeerbereich erhielt der Osmanenstaat einen bedeutenden Zuwachs durch die Eroberung der Insel Zypern (1571); auch die von den vereinten spanischen und venezianischen Flotten gewonnene Schlacht von Lepanto (1573) hatte daran nichts ändern können. Die Insel, wertvoll wegen ihrer Baumwoll- und Zuckerkulturen, hatte seit dem Beginn des 16. Jahrhunderts zum venezianischen Kolonialreich gehört. Die osmanische Administration begann sogleich damit, Siedler aus Anatolien auf die Insel zu überstellen; neben landlosen Bauern fiel die Wahl auch auf Angehörige der von den Sunniten als ketzerisch betrachteten Religionsgruppe der Kızılbaş („Rotköpfe" nach ihrer bevorzugten Kopfbedeckung).[13]

Die Ausweitung diplomatischer Beziehungen

Zwischen Iran und dem Osmanischen Reich herrschte auch nach dem Tode Selims I. (1520) und Schah Ismails (1524) während des 16. Jahrhunderts häufig Krieg. Doch existierten in den Intervallen auch politische Beziehungen. Diskussionspunkt waren immer wieder die Belange schiitischer Pilger, die nicht nur Mekka und Medina, sondern auch die größtenteils im Irak befindlichen Gräber der Nachkommen des Propheten Muhammad besuchen wollten; die osmanischen Behörden glaubten, in diesen Unternehmungen einen Anlaß zur Spionage sehen zu müssen. Mit dem anderen großen Reich der islamischen Welt, nämlich dem Staat der seit 1526 Nordindien beherrschenden Mogul-Dynastie, bestanden nur begrenzte Beziehungen, bei denen es vor allem um die auch von zahlreichen indischen Pilgern besuchten heiligen Städte Mekka und Medina ging.

Unter den europäischen Fürsten fand Süleyman der Prächtige einen Bundesgenossen in Franz I., König von Frankreich, der nach seiner Niederlage in der Schlacht bei Pavia (1525) nur nach Zahlung eines Lösegeldes wieder auf seinen Thron hatte zurückkehren können. Im Jahre 1543 nahm eine osmanisch-französische Flotte Nizza ein. Französische Botschafter kamen nach Istanbul, die erste dauerhaft akkreditierte Gesandtschaft nach der venezianischen. Bis zum Ende des 18. Jahrhunderts wurden osmanisch-französische Bündnisse, je nach den Erfordernissen der Auseinandersetzung mit den Habsburgern, von Fall zu Fall wiederbelebt.

Ganz zu Ende des 16. Jahrhunderts begannen englische Kaufleute, sich auf osmanischem Gebiet zu betätigen, wobei sie ihre venezianischen Konkurrenten auch mit den Mitteln der Piraterie aus deren traditionellen Gewässern zu verdrängen suchten. Seit 1580 gab es Beziehungen zwischen den beiden Herrschern, wobei die Osmanen besonders an englischem Zinn für Rüstungszwecke interessiert waren. Auch die englischen Hochseeschiffe, die man bei Bedarf für eigene Auseinandersetzungen zu „chartern" hoffte, könnten bei dem osmanischen Interesse an dem fernen Königreich eine Rolle gespielt haben. Grundlage für die Beziehung, die u. a. durch einen Briefwechsel Königin Elisabeths I. mit der „Sultanin" Safiye befestigt wurde, war zweifellos der Kampf gegen die Habsburger. Das Mißgeschick der spanischen Armada (1588) machte sichtbar, daß der Krieg gegen die englische Königin auf spanischer Seite bedeutende Ressourcen band, die nicht gegen die Osmanen eingesetzt werden konnten. Von englischer Seite aus wurde auch das Motiv der gemeinsamen Front gegen den Katholizismus breit ausgespielt.

Der Status von residierenden Gesandten wie von Kaufleuten wurde durch die sogenannten *ahidname* geregelt, die die europäische Geschichtsschreibung „Kapitulationen" nennt. Diese waren zumeist einseitig von einem Sultan den Untertanen eines befreundeten Herrschers gewährte Privilegien, dazu bestimmt, die Beziehungen besonders zu aktuellen oder potentiellen Gegnern des habsburgischen Weltreiches zu verbessern. Sie banden nur den Sultan, der sie ausgestellt hatte, und mußten dem Nachfolger zur Bestätigung vorgelegt werden. In diesen Privilegien wurde die Höhe der Zölle bestimmt, die die Untertanen des betreffenden Herrschers zahlen sollten. Zu Ende des 16. Jahrhunderts hatten Venezianer, Franzosen und Engländer solche Kapitulationen erhalten. Im 18., 19. und frühen 20. Jahrhundert, als sich die Machtverhältnisse umgekehrt hatten, sollten diese Kapitulationen zu einem wahren Hemmschuh osmanischer Politik werden. Aber dieser Aspekt war Süleyman dem Prächtigen und Murad III., der die englische Kapitulation gewährte (1574–95), noch völlig unbekannt.

Die osmanische Politik im Bereich des Indischen Ozeans (1500–1600)

Um den überaus erfolgreichen Feldzug gegen das Mamlukenreich zu erklären, der dem Osmanischen Reich 1516/17 eine neue territoriale Dimension einbrachte, muß man einen Blick auf die portugiesische Expansion und den spätmittelalterlichen Handel im Roten Meer richten (1488 Umsegelung des Kaps der Guten Hoffnung, 1498 Landung an der westlichen Küste Indiens, 1515 portugiesische Besetzung der im Persischen Golf gelegenen Insel Hormuz). Im Verlauf des 15. Jahrhunderts hatten die ägyptischen Sultane versucht, durch die Pestverluste der Zeit bedingte Ausfälle an Steueraufkommen durch Handelsgewinne zu kompensieren. Dabei hatten sie den Transithandel in Waren aus Südasien zum Staatsmonopol erklärt; venezianische und genuesische Händler mußten die Waren, die sie exportieren wollten, fortan bei Beauftragten des Sultans kaufen. Deshalb lief der Versuch des portugiesischen Königs, seinerseits den Gewürzhandel zu monopolisieren, auf eine direkte Konfrontation mit den Sultanen Ägyptens wie Syriens hinaus.

Die Lage wurde noch verschärft durch die Tatsache, daß im Verlauf des Spätmittelalters die Versorgung von Pilgern und Dauerbewohnern Mekkas und Medinas von ägyptischen Getreidelieferungen abhängig geworden war. Deshalb brachten die Fahrten der Portugiesen in das Rote Meer Gefahr für den geordneten Ablauf der Pilgerfahrt. Jedoch fehlte es den ägyptischen Herrschern an einer Hochseeflotte. Trotz der Interessengegensätze in Ostanatolien schloß der Mamlukensultan Kansuh al-Ghuri deshalb ein Bündnis mit den Osmanen, das ihm Flottenunterstützung im Roten Meer einbrachte. Die Zusammenarbeit der ungleichen Partner ließ jedoch zu wünschen übrig, und die Unterstützung Schah Ismails durch Kansuh al-Ghuri lieferte bald den Vorwand für den Angriff auf den Mamlukenstaat (1516/17). Es ist anzunehmen, daß auf osmanischer Seite auch die Absicht bestand, den lukrativen Handel im Gebiet des Roten Meeres zu kontrollieren. Leider ist diese frühe „Wirtschaftspolitik" osmanischer Sultane nur wenig dokumentiert.

Jedenfalls versuchten die Osmanenherrscher, auch an der indischen Westküste Einfluß zu nehmen. 1538 erschien eine große osmanische Flotte vor der Hafenstadt Diu, ohne daß es zu einer Konfrontation mit den Portugiesen kam. 1552 versuchte eine osmanische Flotte unter dem alten Kartographen und erfahrenen Nautiker Piri Reis, dem wir eine auf verlorenen Arbeiten des Kolumbus beruhende Amerika-Karte verdanken, den Portugiesen die Insel Hormuz abzunehmen. Das Unternehmen endete mit dem völligen Verlust der Flotte; ein Versuch des Entsatzes scheiterte, und ein Unterkommandant namens Seydi Ali Reis kehrte in das Osmanische Reich zurück und hinterließ einen Bericht über das gefahrvolle Unternehmen.[14] Ein größerer Feldzug im Indischen Ozean wurde danach nicht mehr unternommen. Doch lieferten die Osmanen Feuerwaffen samt Geschützmeistern an verschiedene Fürsten, die in Südasien gegen die Portugiesen kämpften.

In Venedig erkannte man schon früh, daß die Osmanen die kommende Macht im Gebiet des Roten Meeres waren, von deren Wohlwollen der Gewürzhandel in Zukunft abhängen würde; dies erklärt, daß die Signoria trotz aller vorausgegangenen Verluste an Stützpunkten im östlichen Mittelmeer vorsichtig taktierte. Überdies teilten venezianische und osmanische Kaufleute, und damit – in anbetracht der Steuereinnahmen – der Sultan selbst ein Interesse an der Wiederbelebung des Gewürzhandels durch das Rote Meer. Beide Seiten hatten deshalb ihren Vorteil davon, daß die portugiesischen Versuche, den Gewürzhandel über den Indischen Ozean zu monopolisieren, scheiterten und der traditionelle Handelsweg bis zum Ende des 16. Jahrhunderts seine volle Bedeutung bewahrte.

Die Entfaltung einer „Hof- und Reichskultur": Architektur und bildende Kunst

Wie an den erhaltenen Baukomplexen, etwa den Sultansmoscheen in Bursa und Edirne zu sehen ist, hatte es einen monumentalen Baustil bereits im 14. und 15. Jahrhundert gegeben. Auch die Beschäftigung persischer Kunsthandwerker reicht in das frühe 15. Jahrhundert zurück. Dennoch stellen die Anstrengungen Mehmeds des Eroberers, Istanbul und Edirne zu glanzvollen Hauptstädten auszugestalten, den Beginn einer neuen Epoche dar. Zum Topkapı-Palast gehören Gebäude, die ganz nach iranischen Mustern gebaut sind, wie etwa der heute als Keramikmuseum genutzte Çinili Köşk. Andererseits scheinen bei der Turmdekoration des Orta Kapu („Mitteltor") wie auch bei der großen Loggia italienische Reminiszenzen verarbeitet worden zu sein. Dieser eklektische Stil sollte wohl auf die Eroberungen Mehmeds II. hinweisen und darauf, daß seine Herrschaft als Weltherrschaft konzipiert war. Eine ähnliche Absicht, nämlich den Sultan als Nachfolger der oströmischen Kaiser zu proklamieren, stand wohl hinter der Wiederbenutzung von antiken Säulen im Hof der Moschee Mehmeds II. Denn diese läßt sich nicht nur mit praktischen Erwägungen erklären; vielmehr handelte es sich um Preziosen, über deren Verwendung der Sultan eifersüchtig wachte.

Während der „eklektische Stil" Mehmeds des Eroberers von

41

seinen Nachfolgern zugunsten einer einheitlich osmanischen Bautradition wieder aufgegeben wurde, war die Wertschätzung antiker Säulen und anderer Werkstücke auch in der Mitte des 16. Jahrhunderts zu beobachten. In diesen Zusammenhang muß man auch die Sagen über die Hagia Sophia stellen, die nur zum Teil byzantinischen und arabischen Vorbildern entnommen, zum Teil aber Neuerfindungen der Zeit um 1500 sind. Denn wenn diese Legenden auch zum Protest gegen den neumodischen Stil der Sultansherrschaft instrumentalisiert wurden, enthielten sie doch eine reiche Sammlung von Geschichten über das berühmte Bauwerk, die auch dann weiter tradiert wurden, als der Protest gegen die Neuerungen Mehmeds des Eroberers längst gegenstandslos geworden war.

Die Tradition, daß jeder Sultan eine große Moschee samt Schulen und anderen Gebäuden erbaute, meist aber nicht immer in der Hauptstadt Istanbul, wurde bis ins frühe 17. Jahrhundert von fast allen Herrschern befolgt. Auch ließ Süleyman der Prächtige im Verlauf seiner langen Regierung im Namen von Familienangehörigen bauen bzw. gestattete es ihnen, auf diese Weise das Gesicht der Hauptstadt mitzuprägen. In fast allen Fällen wurde ein und derselbe Baumeister beschäftigt, nämlich Sinan (ca. 1490–1588), Vorsteher des Korps der Sultansarchitekten. Sinan verdanken wir auch die ersten osmanischen Memoiren eines Künstlers, die der Meister in hohem Alter einem seiner Freunde diktierte. Aus diesen Erzählungen geht hervor, daß der Baumeister aus der Gegend von Kayseri stammte und durch die Knabenlese in das Janitscharenkorps geriet. Er muß also aus einer christlichen Familie gestammt haben, aber über seinen Taufnamen wie seine Ethnie wissen wir nichts: In dieser Gegend gab es nämlich Griechen, Armenier und eine turkophone Gruppe von Christen strittiger Herkunft, die Karamanlıs. In späteren Jahren hielt er mit manchen seiner Verwandten Verbindung und ließ, wie das zu Prominenz gekommene Provinzler öfter taten, in seinem Heimatort eine Stiftung errichten. Sinans Beziehungen zu seinem Gönner Sultan Süleyman scheinen zuweilen stürmisch gewesen zu sein; doch schließlich erhielt er die hohe Auszeichnung, sein

42

eigenes kleines Mausoleum in die Mauer des Süleymanskomplexes einsetzen zu dürfen. Von einem „anonymen Handwerker" kann in dem Selbstverständnis Sinans also keine Rede sein, und auch seine Zeitgenossen haben ihn nicht so gesehen.

Eine andere spezifisch höfische Kunst, die im Istanbul des 16. Jahrhunderts gepflegt wurde, war die Miniaturmalerei. Der erste Kontakt war vermutlich durch die Timuridenhöfe Zentralasiens vermittelt worden. Doch zeichnete sich die osmanische Miniaturmalerei durch den hohen Stellenwert aus, den die Darstellung historischer Ereignisse hier besaß. In diesem Zusammenhang steht die Illustration des *Süleyman-name*, in der die offizielle Biographie Süleymans des Prächtigen in einer Serie von Miniaturen dargestellt ist. Auf realistisches Detail wurde großer Wert gelegt. Auch gab es Berührungen zur Kartographie, besonders bei den beliebten Darstellungen der Hauptstadt Istanbul.

Während auch Auftraggeber außerhalb des höfischen Bereichs gelegentlich Becher, Kannen und Teller in Fayencearbeit herstellen ließen, war doch die Ausstattung von Gebäuden mit großflächigem Schmuck dieser Art weitgehend Sultanen und ihrem Hof vorbehalten. Diese Kunst war zunächst ein Import aus dem Herrschaftsbereich der Timuriden. Doch im 16. Jahrhundert fanden die osmanischen Fayencekünstler zu einem eigenen Stil, gekennzeichnet durch die Erfindung der bis dahin unbekannten Farbe Rot und durch die Darstellung großzügiger Blumenarrangements mit Tulpen, Narzissen und Päonien auf weißem Grund. Diese Kunst blühte während des gesamten 16. Jahrhunderts, und ihr Rückgang nach 1600 ist vielleicht mit dem massenhaften Import chinesischen Porzellans in Verbindung zu bringen.

Der osmanische Staat und seine Geschichte

In der zweiten Hälfte des 15. Jahrhunderts tauchen die ersten in osmanischer Sprache geschriebenen ausführlicheren Chroniken auf. Diese wurden verfaßt, um die Taten eines Herrschers zu verewigen; so ist es auch nicht verwunderlich, daß viele Chronisten in einem bestimmten Abschnitt ihres Lebens z.T. hohe Staatsämter innehatten. Organisationsprinzip waren die Regierungszeiten der Sultane; diese spielten eine ähnliche Rolle wie in unseren heutigen Geschichtsbüchern die Jahrhunderte. Feldzüge standen im Vordergrund. Außerdem galten bedeutende und kostspielige Bauprojekte als ein Anzeichen herrscherlicher Größe.

Ein weiteres wichtiges Genre bildeten die Fürstenspiegel. Diese Gattung hatte im vorislamischen und islamischen vorderen Orient eine lange Tradition. Aber seit etwa der Mitte des 16. Jahrhunderts dienten solche Texte, die sich neben dem Sultan auch an Wesire richten konnten, als Arena, in der verschiedene Gruppen innerhalb der staatlichen Verwaltung ihre Gegensätze austrugen. Dies muß man bei ihrer Auswertung stets in Rechnung stellen. So verfaßte Lütfi Paşa, ein ehemaliger Großwesir Süleymans des Prächtigen, ein „Wesirbuch" (*Asafname*). Um die dort gegebenen Ratschläge in der angemessenen Perspektive zu betrachten, ist es nicht uninteressant, daß Lütfi Paşa sein Amt verloren hatte, weil er seine Gemahlin, die Schwester des Sultans, brutal behandelt hatte; diese hatte ihm wegen der grausamen Bestrafung einer anderen Frau heftige Vorwürfe gemacht.

Aber das berühmteste unter diesen Büchern mit Ratschlägen für die osmanische Staatsspitze ist zweifellos das des Mustafa Ali aus Gelibolu (1541–1600). Ali war ein vielseitig gebildeter und äußerst erfahrener Mann, dem es nicht gelang, seine „Traumkarriere" zu verwirklichen, und der diese Enttäuschung trotz der Berufung in verantwortliche und angesehene Ämter nie verwunden hat. Aber in seinem Falle scheint die Frustration zur Produktivität angetrieben zu haben. So hat er ein großes Geschichtswerk verfaßt, das offenbar „für die Schublade" und vielleicht für ein paar vertraute Freunde gedacht war. Dieses Werk, bislang nur zum geringen Teil ausgewertet, enthält u. a. eine scharfsinnige und kritische Biographie Sultan Murads III., dem Ali mangelndes Verantwortungsbewußtsein und Leichtgläubigkeit zum Vorwurf macht. In Alis Augen war dies besonders schwerwiegend, weil in Anatolien und Rume-

44

lien die islamische Hochkultur noch immer eine kaum akklimatisierte, empfindliche „Importpflanze" darstellte; der Herrscher hatte also in Alis Augen die Pflicht, diese Kultur zu fördern. Bemerkenswert ist übrigens der Kommentar Alis zu dem Aufruhr, der in Istanbul 1595 durch die Ermordung der vielen, zum guten Teil noch im Kindesalter stehenden, Söhne Murads III. hervorgerufen wurde: Da der Sultan hätte vorhersehen können, was mit seinen Nachkommen nach seinem Tode geschehen würde, hätte er eben nicht so viele zeugen dürfen.[15]

Während im 15. Jahrhundert einige Chroniken in der gehobenen Sprache der Zeit abgefaßt worden waren, bildete sich seit etwa 1500 eine Kunstsprache, in der zwar die Satzstruktur des Türkischen in großen Linien verbindlich blieb, aber Wörter und Wortbildung arabischer und persischer Herkunft waren. Diese Sprache konnte, je nach dem Anlaß, mehr oder weniger arabisiert und iranisiert sein; dem osmanischen Gebildeten standen da verschiedene „Tonlagen" zur Verfügung. Neben dieser höfischen Wortkunst hielt sich eine Literatur, die an Menschen gerichtet war, die die Hochsprache nicht beherrschten; das beste Beispiel sind die bereits erwähnten Heiligenlegenden.

Die osmanischen Sultane als Verteidiger des sunnitischen Islams

Höfische Kunst war sicherlich zum Teil als Legitimation des Herrschers gedacht; der Sultan sollte vor den Angehörigen des Hofes als Förderer von Kunst und Literatur und besonders als Sieger im Kampf gegen Ungläubige und Schiiten dargestellt werden. Zwischen diesen beiden Gegnern wurden gewisse Parallelen konstruiert: Ebusuud Efendi, der oberste Rechtsgutachter Süleymans des Prächtigen, war sogar der Meinung, daß die Schiiten Irans nicht als Muslime betrachtet werden sollten. Vor einer breiteren Öffentlichkeit konnte diese Rolle des Sultans in den Moscheen sichtbar gemacht werden; so wurde die Süleymaniye mit Inschriften dekoriert, die das Bauwerk als ein Dokument des Triumphes über den schiitischen Gegner aus-

45

wies. Auch die Moschee Sultan Ahmeds I. (eingeweiht 1617) wurde von einem Panegyriker der Zeit in diesem Sinn gefeiert.

Aber auch nichtosmanische Betrachter sollten von dieser Herrschaftspropaganda angesprochen werden. Nachdem der Hidschas Teil des Osmanischen Reiches geworden war, übernahmen die Sultane den Schutz der Mekkapilger. Dies bedeutete, daß Soldaten bereitgestellt werden mußten, um die Pilgerkarawanen durch die Wüste zu begleiten. Aufwendiger noch war es, daß spätestens seit dem 12. Jahrhundert die Beduinen der syrischen, ägyptischen und arabischen Wüsten mit Geld und Sachlieferungen dafür bezahlt werden mußten, den Pilgern freien Durchzug zu gewähren. Überdies begann man schon in der ersten Hälfte des 16. Jahrhunderts mit einem aufwendigen Bauprogramm. All diese Projekte wurden als vordringlich betrachtet, u. a. weil die Mogulherrscher Nordindiens die Pilgerfahrt aus ihrem eigenen Territorium förderten und die Scherifen von Mekka nachdrücklich umwarben. Durch die großen Summen, die zur Förderung der Pilgerfahrt ausgegeben wurden, sollte sicherlich die Präsenz des Osmanensultans in diesem entlegenen Territorium vor indischen und anderen fremden Pilgern augenfällig gemacht werden.

In demselben Kontext sollte man das Interesse betrachten, das Süleyman der Prächtige und seine Nachfolger sunnitischen Pilgern aus Zentralasien entgegenbrachten. Politische Konflikte hinderten diese Personen oft daran, den kürzesten Weg über den Iran zu nehmen, so daß die Pilgerfahrt auf dem Umweg über Istanbul viele Jahre in Anspruch nahm. Auch bei den ersten Konflikten mit den russischen Zaren in der Mitte des 16. Jahrhunderts verfolgten die Sultane das Ziel, zentralasiatischen Pilgern den Zugang nach Mekka offenzuhalten.

Wichtiger noch waren die Veränderungen in der Ausbildung und Arbeit der Rechts- und Gottesgelehrten (ulema). Im Verlauf des 16. Jahrhunderts wurde die Ausbildung dieser in jeder islamischen Gesellschaft zentralen Persönlichkeiten, der schon von Mehmed II. große Bedeutung beigemessen worden war, von Süleyman dem Prächtigen weiter gefördert. Dabei kam es zu einer Einbindung in den Staatsapparat, die in älteren Zeiten nicht existiert hatte. In den islamischen Reichen des Mittelalters waren weder der Wirkungskreis noch die Ausbildung vieler *ulema* auf einen einzigen Staat beschränkt gewesen. Da die relevanten Disziplinen auf Arabisch gelehrt und praktiziert wurden, konnte ein weitgereister Mann wie etwa der Marokkaner Ibn Battuta als Kadi in Nordindien amtieren.

Während noch zu Beginn des 15. Jahrhunderts auch osmanische Gelehrte diesem Netzwerk angehört hatten, fand seit der zweiten Jahrhunderthälfte die Ausbildung von *ulema*, die eine überregionale Karriere innerhalb des Reiches anstrebten, zunehmend in Istanbul, Bursa und Edirne statt. Dies bewirkte eine Marginalisierung von Gelehrten etwa aus Damaskus oder Kairo. Um für eine Position als Kadi qualifiziert zu sein, mußte vom 16. Jahrhundert an der Kandidat eine genau definierte Ämterlaufbahn absolviert haben; um Zugang zu den höchsten Ämtern zu erhalten, war normalerweise eine Lehrtätigkeit an den hohen Schulen der Süleymaniye Voraussetzung. Zumindest vom späteren 16. Jahrhundert an überwog die Zahl der qualifizierten Kandidaten bei weitem die der freien Stellen; kurze Amtsperioden wurden deshalb von langen Wartezeiten abgelöst. Auch waren, besonders bei den höchsten Positionen der Heeresrichter (*kadiasker*) und des obersten Rechtsgutachters (*şeyhülislam*), Familienverbindungen und die Förderung durch den Sultan oft entscheidend.

Osmanische Richter wandten zweierlei Recht an, nämlich das *şeriat* genannte religiöse sowie das auf Verordnungen des Herrschers beruhende Sultansrecht (*kanun*). Außerdem konnten lokal gültige Praktiken, besonders in der Steuererhebung, in das osmanische Recht Eingang finden (*örf*). Im Prinzip sollte das Sultansrecht nur die Lücken im religiösen Recht ausfüllen; aber in der Praxis waren neue rechtliche Konstruktionen nicht gerade selten. So ging das osmanische Recht von der Annahme aus, das alles als Wald, Feld und Wiesen genutzte Land dem Sultan gehörte; nur Häuser und Gärten waren Privatbesitz der Untertanen. Die Bauern waren lediglich Erbpächter und die *timar*-Inhaber nur Verwalter und Steuereintreiber, nicht aber Besitzer der ihnen zugewiesenen Dörfer.

Eine nicht unwichtige osmanische Besonderheit war auch die spätestens seit dem 16. Jahrhundert angewandte Verjährungsfrist von fünfzehn Jahren, nach deren Ablauf keine Ansprüche mehr geltend gemacht werden konnten. Die offiziell tolerierte Umgehung des islamischen Zinsverbotes, an der seit dem späten 15. Jahrhundert auch viele fromme Stiftungen beteiligt waren, ist mitsamt der dafür gegebenen Begründungen ebenfalls als ein Teil des sultanischen Rechts zu betrachten.

Im Lauf der Zeit machte sich der Einfluß des religiösen Rechtes immer stärker geltend; schließlich waren alle osmanischen Richter von ihrer Ausbildung her mit diesem Recht vertraut („weltliche" Rechtsschulen gab es erst seit dem 19. Jahrhundert), und zudem besaß das *şeriat* eine zentrale religiöse Bedeutung. Trotzdem stellt die weite Kompetenz des Sultans in der Gesetzgebung, und die damit verbundene Möglichkeit der Rechtsschöpfung, ein Kennzeichen des osmanischen Staatslebens dar.

Muslime und Nichtmuslime

Die Eroberungen Selims I. hatten den Osmanenstaat zu einem Reich mit überwiegender muslimischer Mehrheit gemacht; mit Beginn des 16. Jahrhunderts kann man also mit voller Berechtigung von „nichtmuslimischen Minderheiten" sprechen. Unter diesen Minderheiten machten die Griechisch-Orthodoxen die Mehrheit aus. Sie waren nicht nur auf dem westlichen Balkan und auf Zypern vertreten, sondern auch in den syrischen Provinzen. Ägypten war die Heimat der koptischen Minderheit, während in den Bergen Ostanatoliens, in manchen Städten Kleinasiens und in der Hauptstadt Istanbul unterschiedlich große Gruppen von gregorianischen Armeniern zu finden waren. Katholische Untertanen hatte das Osmanische Reich nur in sehr begrenzter Zahl, nämlich auf den Ägäischen Inseln, in Dalmatien, Bosnien und Ungarn. Eine evangelische, sprich kalvinistische, Gruppe von einiger Bedeutung existierte nur in Ungarn und Siebenbürgen.

Unter den Juden spielten die einheimischen (romaniotischen)

Gruppen nur eine wenig bedeutende Rolle neben den Einwanderern, die häufig aus Spanien und Portugal, aber nicht selten auch aus Italien kamen. Daneben gab es eine aschkenasische Einwanderung aus Mittel- und Osteuropa; die sprachlichen und kulturellen Unterschiede waren also recht bedeutend. Aber schon im 16. Jahrhundert war eine Assimilation an das osmanische Milieu zu beobachten; so sind bereits aus dieser Zeit jüdische Lieder überliefert, die nach osmanischen Melodien gesungen wurden. Spanische Einwanderer benutzten neben der Kultsprache des Hebräischen das Spanische, das sie mit hebräischen Lettern schrieben (*ladino*).

In der älteren Forschung wurde angenommen, daß die Zusammenfassung der Nichtmuslime in sogenannten *millet*s, das heißt das ganze Leben der jeweiligen Gruppe regelnden Organisationen unter der Verantwortlichkeit von Bischöfen, Priestern und Rabbinern, bereits im 15. oder 16. Jahrhundert eingeführt worden ist. Dies wird heute stark in Zweifel gezogen. Religiöse Gemeinden, allen voran die orthodoxe Kirche, existierten von Anfang an und wurden vom osmanischen Staat anerkannt. Aber im 16. und 17. Jahrhundert scheint die Autorität geistlicher Führer über ihre Gemeinden nur sehr begrenzt gewesen zu sein; besonders die Forschung zur frühen Geschichte der immigrierten Juden hat diese internen Konflikte aufgedeckt.

Nichtmuslime gleich welcher Konfession zahlten eine *cizye* genannte besondere Kopfsteuer. Bis zum Ende des 17. Jahrhunderts wurde diese manchmal von einem ganzen Dorf als Kollektivzahlung eingezogen; aber im Prinzip war jeder arbeitsfähige Mann *cizye*pflichtig. Die Höhe der Steuer war dem Reichtum entsprechend abgestuft.

Rechtlich gesehen waren Nichtmuslime unterprivilegiert: So konnten sie nicht vor Gericht gegen Muslime aussagen. Im Geschäftsleben war das ein ernstes Problem, das viele dadurch zu lösen suchten, daß sie ihre Transaktionen in die Register des Kadis eintragen ließen und damit beweiskräftige Dokumente schufen. Die Häuser der Nichtmuslime durften nicht höher sein als die ihrer muslimischen Nachbarn; es konnte vorkommen, daß eine Kirche, auch wenn die osmanische Eroberung schon lange zurücklag, ihrer Gemeinde weggenommen und in eine Moschee umgewandelt wurde. Um einer Moschee zu den nötigen Betern zu verhelfen, konnten Nichtmuslime, die in der Nähe einer Moschee lebten, sogar gezwungen werden, ihre Häuser zu verkaufen und umzuziehen. Aber die Praxis war oft toleranter als Rechtssätze und Sultansbefehle; obwohl das von offizieller Seite nicht gern gesehen wurde, lebten in manchen Städten Anatoliens Muslime und Nichtmuslime über Jahrhunderte hinweg in denselben Stadtvierteln zusammen.

Vor allem kamen im Gegensatz zu den europäischen Staaten jener Epoche, in denen Vertreibungen und Hinrichtungen religiöse Konformität erzwangen, unfreiwillige Bekehrungen zum Islam nur relativ selten vor. Selbst manche Sklaven konnten dem Druck, die Religion zu wechseln, widerstehen. Allerdings hatte die Mehrheit der Sklaven, sowie die durch die Knabenlese für den Dienst des Sultans eingezogenen jungen Männer, in dieser Sache kaum eine Wahl. Es kam auch vor, daß Leuten, die für die osmanische Verwaltung „Ruhestörer" darstellten, nur die Wahl zwischen einer schweren Strafe und der Annahme des Islams blieb.

Die überwältigende Mehrheit aller Bekehrungen dürfte jedoch auf freiwilliger Basis erfolgt sein. Dafür gab es etliche Gründe. Zunächst einmal dürften die nicht enden wollenden Religionsstreitigkeiten zwischen Orthodoxen, Katholiken und Protestanten auf manche Südosteuropäer so abstoßend gewirkt haben, daß sie nicht mehr bereit waren, an eine göttliche Sendung der christlichen Kirchen zu glauben. Für weniger nachdenkliche Menschen gab es natürlich „weltlichere" Gründe. Von der *cizye* einmal abgesehen, öffnete die Annahme des Islam Möglichkeiten des sozialen Aufstiegs, etwa als Diener eines Gouverneurs. Auch mögen manche Menschen es einfach vorgezogen haben, als Untertanen „erster" und nicht „zweiter" Klasse zu leben. Bisweilen gab es auch Bekehrungen ganzer Dörfer oder Familien, deren Gründe wegen Quellenmangels meist nicht mehr nachzuvollziehen sind. Aber schon die Bedeutung der *cizye* als staatlicher Einnahmequelle dürfte osmanische Provinzgouverneure und Kadis davon abgehalten haben, die Bekehrung der „Ungläubigen" mit allzuviel Nachdruck zu betreiben.

Der Lebensunterhalt: Landwirtschaft und Gewerbe

Die Bauern bildeten das Rückgrat der steuerzahlenden Untertanenbevölkerung; wenn es nach den privilegierten Staatsdienern gegangen wäre, hätten sie samt und sonders in diesem Stand verbleiben müssen. Um das Dorf zu verlassen, brauchte ein Bauer im Prinzip die Zustimmung seines *timar*-Inhabers. In der Praxis waren jedoch die Auswanderung in die Stadt, in eine vielleicht weniger besteuerte Provinz, oder auch die Anmusterung bei einer Söldnertruppe durchaus gangbare Alternativen. Soldaten, die sich an der Grenze auszeichneten, konnten ein *timar* verliehen bekommen. Allerdings war der Status solcher Personen, solange man sich auf ihre Herkunft aus dem Untertanenstand noch besinnen konnte, oftmals recht unsicher.

Die Basis der dörflichen Organisation bildete der von einer Familie selbständig bewirtschaftete Hof, der vom Vater auf den Sohn vererbt wurde. Im Prinzip, aber durchaus nicht immer in der Praxis, wurde dieser Hof nicht geteilt, sondern von den Erben gemeinsam bewirtschaftet. In die alltägliche bäuerliche Wirtschaft dürften die *timar*-Inhaber nur begrenzt eingegriffen haben, da sie oft abwesend waren. Aber die Tatsache, daß manche Steuern in Naturalien verlangt wurden, muß Landwirte daran gehindert haben, die Zusammensetzung der angebauten Feldfrüchte zu variieren. Konfliktstoff ergab sich aus den Lieferungen und Diensten, die die Bauern dem örtlichen Vertreter des Staates schuldig waren, insbesondere im Falle eines Krieges.

Gegenden mit hoher landwirtschaftlicher Produktivität waren eher selten. Sowohl auf dem Balkan als auch in Anatolien bestand ein guter Teil des Landes aus Gebirgen, so daß die Möglichkeiten für den wirkungsvolleren schweren Pflug recht begrenzt blieben. In den meisten Gegenden blieb es deswegen bei dem leichten *aratrum*, das die Schollen nur ankratzte und nicht umwendete. Die potentiell fruchtbaren Küstenebenen waren sumpfig und im Sommer wegen der Malariagefahr kaum verwendbar. Auf dem anatolischen Hochland bedrohte Wasserknappheit, die einen jährlichen Wechsel von Brache und Feld erzwang, die ohnehin nicht überreichlichen Ernten. An manchen Orten erntete man nicht mehr als das Vierfache des Ausgesäten. Die Jahrzehnte um 1600, in denen es auch in Italien zu vielen Mißernten kam, waren besonders dürregefährdet. Der Mangel an zur Schiffahrt geeigneten Flüssen dürfte die Versorgung, im Falle selbst rein örtlicher Mißernten, besonders schwierig gestaltet haben.

Im Laufe des 16. Jahrhunderts wuchs die ländliche Bevölkerung, gesamtmittelmeerischen Trends entsprechend, beträchtlich an. In verkehrsgünstig gelegenen Gebieten förderte das Bevölkerungswachstum wahrscheinlich relativ arbeitsaufwendige Spezialkulturen; so begann man um 1600 im Gebiet von Bursa mit der Seidenzucht. An den Küsten wurden Rosinen, Traubensirup, Zitronensaft oder Granatäpfel für zahlungskräftige Kunden in der Hauptstadt produziert, allerdings dürfte der Gewinn eher in die Taschen von Kaufleuten und Transportunternehmern geflossen sein. Nicht wenige Nomaden siedelten sich fest an, ebenfalls eine Antwort auf das dichter gewordene Siedlungsnetz.

Auf dem Dorf dürfte der größte Teil der erwirtschafteten Güter dem Eigenbedarf, dem informellen Austausch unter Nachbarn, der Aussaat sowie der Steuer gedient haben. Allerdings wissen wir über den Weg der Produkte nur dann etwas, wenn sie das Dorf verließen. Wir haben bereits gesehen, daß eine gewisse Zahl von Märkten für das Funktionieren der *timare* unerläßlich war. Doch gibt es Hinweise darauf, daß in der zweiten Hälfte des 16. Jahrhunderts zumindest in den meernahen anatolischen Provinzen die Zahl der Märkte erheblich anstieg. So finden wir jetzt auch Handelsverkehr, der auf den Sommerweiden stattfand, wo Bauern und Nomaden alljährlich zusammenkamen. Mit einer gesteigerten Marktorientierung ist in diesen Gegenden wohl zu rechnen. Ein nicht unbedeutender Handel spielte sich auf Jahrmärkten ab. Auf dem

Balkan fanden diese bisweilen am Patronatsfest der örtlichen Kirche statt. In der zweiten Hälfte des 16. Jahrhunderts scheinen manche dieser Jahrmärkte von so vielen Kaufleuten besucht worden zu sein, daß sie die Investitionen osmanischer Wesire anzogen. Solche Zusammenkünfte dienten wohl, wenigstens zum Teil, dem Warenverkehr zwischen Regionen.

Das städtische Gewerbe war meist in Zünften organisiert. Die Meister bemühten sich, den Zugang zu ihrem Handwerk nach Möglichkeit zu begrenzen und behaupteten, damit das Interesse der Konsumenten an hochwertiger Ware zu verteidigen. Bei Streitigkeiten zwischen Zunftmeistern konnten der Marktvogt und der Kadi angerufen werden. Solche Fälle wurden zumeist nach dem „Herkommen" entschieden, das normalerweise erst dann schriftlich niedergelegt wurde, wenn es zu Auseinandersetzungen kam. In Fällen, in denen weder religiöses Recht noch Sultansbefehle einen Leitfaden an die Hand gaben, betrachtete die osmanische Zentralverwaltung dieses „Herkommen" als maßgeblich. Sie unterstützte deshalb meist die Forderungen der etablierten Zunftmeister, etwa gegen Nachwuchskräfte, die eigene Läden aufmachen wollten, oder gegen besonders unternehmungslustige Handwerker, die versuchten, ihren Marktanteil auf Kosten der Kollegen zu erweitern.

Manchmal eine Quelle des Reichtums: der Handel

In der älteren Sekundärliteratur wird gern behauptet, es habe im Osmanischen Reiche eine Art „Arbeitsteilung nach Religion/Konfession" gegeben. Angeblich sollen die Muslime sich auf den Staatsdienst und die Landwirtschaft konzentriert haben, während im Bereich des Handels höchstens bei der von staatlicher Seite strikt kontrollierten Versorgung Istanbuls eine größere muslimische Beteiligung zu verzeichnen gewesen sei. Doch hat die neuere Forschung gezeigt, daß auch hier, ähnlich wie im Falle der religiösen Organisation (*millet*-System), Zustände, die um die Mitte des 19. Jahrhunderts existiert haben mögen, ohne quellenmäßige Begründung einfach in ältere Zeiten zurückprojiziert worden sind. Ein Zollbuch aus dem späten 15. Jahrhundert, den Schwarzmeerhandel betreffend, zeigt, daß unter den Zollpflichtigen muslimische Kaufleute die große Mehrheit ausmachten. Auch im Bursa dieser Epoche waren zahlreiche Muslime aktiv, und wie wir gesehen haben, war Kairo im 16. Jahrhundert ein Zentrum reicher muslimischer Kaufleute mit weitgespannten Handelsnetzen.

Zwar bildete das osmanische Reichsgebiet keine Zolleinheit, und Binnenzölle stellten eine wichtige Einnahmequelle des Staates dar. Aber ihre Zahl blieb überschaubar, und die Möglichkeit, sich wegen Übergriffen sowohl beim örtlichen Kadi als auch notfalls in Istanbul zu beschweren, dürfte handelsfördernd gewirkt haben. Besonders das syrische Handelszentrum Aleppo erlebte nach 1516 eine neue Blüte, die sich in einem weitgehenden Neubau von Khanen (Karawansereien) und überdachten Ladenstraßen niederschlug. Der Ausbau einzelner Städte mithilfe großer Stiftungen, wie wir ihn im Falle Istanbuls bereits beobachtet haben, wurde auch in der Provinz im 16. Jahrhundert fortgesetzt. Üsküdar an der asiatischen Seite des Bosporus, das thrakische Städtchen Lüleburgaz und der Hafen Payas an der östlichen Mittelmeerküste könnten in diesem Zusammenhang genannt werden.

Außerdem treffen die „ideologischen" Begründungen, die die angebliche Arbeitsteilung auf religiöser Basis legitimiert haben sollen, für das 15. oder 16. Jahrhundert einfach nicht zu. Das islamische Zinsverbot hat Geldgeschäfte nicht mehr behindert, als das entsprechende Verbot, an dem die katholische Kirche das gesamte Mittelalter hindurch festgehalten hat; es wurde nämlich entweder umgangen oder auch offen mißachtet. Zwecks Verschleierung der Zinseinnahme wurde gern ein Haus „verkauft", der Verkäufer blieb aber darin wohnen und zahlte eine Miete, die einem bestimmten Prozentsatz des Kaufpreises entsprach, und behielt sich das Recht vor, das Haus zurückzukaufen. Selbst in anatolischen Provinzstädten wurde von einer Vielzahl kleiner Investoren Geld ausgeliehen; besonders Frauen sicherten sich damit oft ein Zubrot. Fromme Stiftungen in Istanbul oder den größeren Städten Anatoliens besaßen Geld, das sie gegen Zins ausliehen. Diese Praxis wurde von strengen Rechts- und Gottesgelehrten zwar heftig verdammt, aber Sultan Süleymans Oberster Rechtsgutachter Ebusuud Efendi befand, daß der Nutzen, der der muslimischen Gemeinde von diesen Stiftungen zukam, eine Tolerierung rechtfertigte. All diese Finanzquellen wurden nicht nur für Konsum-, sondern bisweilen auch für Handelskredite genutzt.

Eine andere „ideologische" Begründung für die angebliche Vermeidung des Außenhandels durch muslimische Kaufleute beruht gleich auf mehreren Täuschungen. Es wird nämlich behauptet, daß gute Muslime den Kontakt mit „Ungläubigen" gescheut haben sollen und daß diese Haltung ihre kommerziellen Möglichkeiten stark eingeengt habe. Aber zunächst ist zu bedenken, daß religiöse Vorschriften, die auf Absonderung dringen, im Allgemeinen nur von denen befolgt werden, die sich das wirtschaftlich leisten können. Zweitens gab es das weite Feld des Binnenhandels und, besonders in Ägypten und Syrien, des Indienhandels, den man betreiben konnte, ohne je mit „Ungläubigen" in Berührung zu kommen. Zwar war der Handel mit Europa wichtig, aber es wäre ein großer Fehler, seine relative Bedeutung im 19. Jahrhundert ohne weiteres auf ältere Zeiten zu übertragen. Außerdem wurde, wenigstens in Friedenszeiten, Venedig von muslimischen Osmanen sehr gern besucht.

Allerdings operierten osmanische Kaufleute aller Konfessionen in einem politischen Umfeld, das ihre Möglichkeiten der Kapitalbildung einengte. Dies hing damit zusammen, daß die osmanische Verwaltung das wirtschaftliche Geschehen aus dem Gesichtswinkel des Konsumenten betrachtete, und deshalb hauptsächlich die Versorgung des städtischen Marktes mit Gebrauchsgütern im Auge hatte. Anderseits besaßen Kaufleute nur selten einen direkten Zugang zum Herrscher; der jüdische Bankier Joseph Nasi, Finanzmann Sultan Selims II. (1566–74) und Herzog von Naxos, stellt da eine Ausnahme dar, die die Regel bestätigt. Und die städtischen Produzenten, zumeist kleine Handwerker, konnten ihre Interessen noch sehr viel schwieriger geltend machen. Zwar galt es als Verpflichtung des Sultans, den „armen Untertanen" eine Möglichkeit des Geldverdienens zu verschaffen; aber die Kontrolle der Handwerker war zumindest in der Hauptstadt recht streng, und die Möglichkeiten der Vermögensbildung entsprechend begrenzt.

Die osmanische Verwaltung betrachtete den Schutz einheimischer Handwerker hauptsächlich dann als vordringlich, wenn deren Produkte der Armee, der Flotte, dem Hof oder der Hauptstadt dienen sollten. So wurde etwa die Ausfuhr von Leder oder Baumwolle kontrolliert, und in Kriegszeiten ganz unterbunden. Auch wenn ein Produktionszweig größere Steuereinnahmen abwarf, wie etwa die Mohairweberei Ankaras, wurde die Rohstoffbasis der Handwerker durch Ausfuhrverbote geschützt. Aber Einfuhrverbote zum Schutz sich neu entwickelnder Gewerbezweige gab es nicht, da die Verwaltung des Sultans der Ansicht war, daß eine größere Fülle von Gütern auf dem Markt die Preise drückte.

Diese Konsumentenperspektive wurde auch nicht durch die Interessen jener Mitglieder der osmanischen Oberschicht modifiziert, die sich, zuweilen äußerst aktiv, in Handel und Grundstücksspekulation betätigten. Als ein berühmtes Beispiel könnte man Rüstem Paşa, den Großwesir und Schwiegersohn Süleymans des Prächtigen anführen. Aber die dominante Haltung der osmanischen Bürokraten entsprach doch eher den Vorstellungen des nordafrikanischen Historikers und Gesellschaftstheoretikers Ibn Khaldun, daß nämlich die Untertanen keine Steuern zahlen könnten, wenn der Herrscher und seine privilegierte Umgebung ihnen die Verdienstmöglichkeiten wegnähmen.

Aber in einer Hinsicht läßt sich das wirtschaftliche Denken der osmanischen Oberschicht mit den Vorstellungen europäischer Potentaten des 16. Jahrhunderts durchaus vergleichen, und zwar in Bezug auf den Wert, der Gold und Silber als Münzmetallen beigemessen wurde. In beiden Fällen wurde angenommen, daß der Import von Edelmetall positiv, der Export jedoch negativ zu bewerten sei. Dahinter stand die Auffassung, daß die Machtentfaltung, sprich die Kriegführung eines Staates nur durch einen wohlgefüllten Schatz ermöglicht werde. Auf

56

osmanischem Gebiet gab es zwar einige Silber-, aber kaum Goldvorkommen; das Gold kam entweder aus Afrika über Ägypten oder aber von europäischen Tributzahlungen. Von der Mitte des 16. Jahrhunderts an erreichte das „spanische" Silber aus Amerika die Handelszentren Izmir, Saloniki oder Aleppo, da die osmanische Handelsbilanz mit den europäischen Staaten positiv war und es noch auf Jahrhunderte bleiben sollte. Der Silberzufluß trug hier wie auch anderwärts zur Preissteigerung bei. Wie groß dieser Zuwachs allerdings war, läßt sich kaum ermessen, weil nämlich der säkulare Trend schon seit römischen Zeiten dahin ging, daß Edelmetalle Richtung Südasien abflossen. Die osmanischen Sultane des 16. Jahrhunderts gaben sich alle Mühe, diesen Abfluß zu unterbinden. Jedoch allein schon die großen Summen, die sie jedes Jahr zur Förderung der Pilgerfahrt in Mekka und Medina ausgaben, dürften als unbeabsichtigte Folge den Import indischer Waren und damit den Geldabfluß erheblich gefördert haben.

3. Mühsam errungene Erfolge und ernste Rückschläge (ca. 1600–1774)

Söldner, „Zeloten" und staatliche Würdenträger

Zu Ende des 16. und zu Beginn des 17. Jahrhunderts war die Kontrolle der Sultane über Anatolien ernsthaft gefährdet. Große Banden von bewaffneten Männern, die mit mehr oder weniger Recht behaupteten, in Diensten des Herrschers oder einer seiner Gouverneure zu stehen, durchzogen plündernd das Land. Die Sultane erlaubten zwar den Dorfbewohnern, sich zu Milizen zusammenzuschließen und notfalls Auswärtigen den Zutritt zu ihren Dörfern zu verwehren. Aber diese Maßnahme konnte schon deswegen nur von begrenzter Wirkung sein, weil so viele Bewaffnete wirklich im Dienst des einen oder anderen Amtsträgers standen und demgemäß ihre Forderungen durchsetzten.

Zwar wird nur von wenigen der damals rebellierenden Söldnerführer behauptet, sie haben sich selbst zum Herrscher ausrufen wollen. Normalerweise waren die Anführer aufständischer Truppen durchaus bereit, ein Kommando an der Grenze zu akzeptieren und damit dem osmanischen Herrschaftsapparat beizutreten. Was die einfachen Söldner sich von einer solchen Rebellion erhofften, ist kaum überliefert. Aber es liegt nahe, daß sie ihren unsicheren Status gegen die Steuerfreiheiten und anderen Privilegien der Janitscharen eintauschen wollten. Die großen Plünderungszüge dieser Freibeuter, die zeitweilig sogar wichtige Städte Anatoliens wie etwa Bursa oder Urfa besetzten, führten zur Unterbrechung der Handelswege und damit oft zum Verfall von Khanen und Bazargebäuden.

Hinter diesen Rebellionen stand die Tatsache, daß Handfeuerwaffen in der Kriegführung immer wichtiger wurden, und die Reiterei mit ihren Schwertern und Säbeln damit zunehmend veraltete. Für die *timar*-Inhaber, die durchweg mit blanken Waffen und zu Pferde kämpften, bedeutete das vielfach einen großen Einkommens- und Statusverlust. Denn der osmanische Staat versuchte nicht, die neue Waffengattung zentral zu organisieren und dabei den „umgeschulten" Kavalleristen zu einer neuen Rolle zu verhelfen. Vielmehr verließ er sich auf eine Art „Privatinitiative", indem osmanischen Amtsträgern die selbständige Rekrutierung von Truppen aufgetragen wurde.

Osmanische Gouverneure hielten sich also eigene Bewaffnete, um in ihrer Provinz die Steuern einzutreiben und Räubern das Handwerk zu legen. Nur wurden diese Truppen sehr häufig ausgewechselt, und da jeder neu ins Amt Kommende seine Leute mitbrachte, war die Zahl der Bewaffneten ohne Anstellung entsprechend groß. In manchen Fällen mögen die Soldaten ihren Kommandeur regelrecht zur Rebellion gedrängt haben, um ihre Anstellung nicht zu verlieren. Während die Zahl der auf eigene Faust operierenden Söldnerführer nach etwa 1630–40 geringer wurde, waren Rebellionen von Soldaten unter dem Kommando eines Wesirs oder Paschas das ganze 17. Jahrhundert hindurch zu beobachten.

Die Bürgerkriege des 17. Jahrhunderts wurden noch dadurch verschärft, daß die Janitscharen und anderen Truppen, die in Istanbul, Kairo oder Damaskus stationiert waren, zunehmend politisch aktiv wurden. Zum Teil hing das mit der Tatsache zusammen, daß es dem osmanischen Staat an Mitteln fehlte, ein großes stehendes Heer regelmäßig zu bezahlen. Münzverschlechterung gehörte zu den geläufigen Mitteln, bei mehr oder weniger leeren Staatskassen dennoch Ausgaben zu tätigen. Infolgedessen sank der Realsold der Militärs. Diese versuchten wiederum, sich durch Rebellionen, in denen während des 17. Jahrhunderts öfter Großwesire ihren Kopf und Sultane ihren Thron verloren, schadlos zu halten. Aber solche Mittel wirkten nur zeitweise; auf die Dauer blieb den Soldaten wenig anderes übrig, als sich in den Städten, in denen sie stationiert waren, einen zusätzlichen Verdienst zu suchen.

In manchen Fällen bedeutete das, daß Janitscharen und andere „nebenbei" ein Handwerk ausübten. Aber zumindest was den besonders gründlich untersuchten Fall Kairos anbelangt, war es viel bedeutsamer, daß sich die Soldaten zu „Beschützern" der Handwerker und Händler erklärten und dafür eine Entschädigung kassierten. Dies konnte die Form regelrechter

Schutzgeldzahlungen annehmen; aber oft war es eher so, daß den muslimischen Handwerkern die Möglichkeit geboten wurde, sich als Mitglieder eines Militärkorps eintragen zu lassen. Auf längere Zeit gesehen, wurden diese Einheiten durch den Zustrom militärisch nicht vorgebildeter Handwerker zu Milizen heruntergestuft.

Da Steuerfreiheiten zu den Privilegien eines Milizionärs gehörten, sprachen, vom Gesichtswinkel eines Handwerkers aus gesehen, wirtschaftliche Gründe durchaus für den Beitritt. Besonders in Kairo schützten die Milizen die Interessen der Handwerker. Jedoch mit dem Machtverlust dieser Einheiten gegenüber den in Kairo nach wie vor einflußreichen Mamlukenhaushalten, der sich nach 1750 beobachten läßt, wurde die Steuerschraube so stark angezogen, daß die tägliche Existenz der unteren Bevölkerungsschichten nicht mehr gewährleistet war.

Bündnisse von Militärs und Würdenträgern des Palastes konnten in der Hauptstadt besonders leicht zu explosiven Situationen führen. Letztere wurden durch die soziale Lage vieler Bewohner Istanbuls noch verschärft. Sicherlich zum Teil als Reaktion auf die wirtschaftlichen und politischen Schwierigkeiten, unter denen besonders die „kleinen Leute" im 17. Jahrhundert so oft zu leiden hatten, gewann in der Hauptstadt eine Bewegung an Einfluß, die die Rückkehr zur Einfachheit des ursprünglichen Islam predigte. Luxus und Prachtentfaltung, aber auch die Umgehung des Zinsverbots, von den neumodischen Genüssen Kaffee und Tabak ganz zu schweigen, gaben öfter zu lauten Protesten Anlaß. Auch die religiösen Praktiken vieler Derwischorden, insbesondere der sakrale Tanz der Mevlevis, galten den Anhängern dieser Bewegung als verabscheuungswürdige Neuheiten. Murad IV. schloß eine Allianz mit den Anhängern dieser Bewegung und versuchte bei den Untertanen – nicht aber in seiner eigenen Praxis – deren Lehren in die Tat umzusetzen. Doch nach dem Tode dieses Sultans (1640) tendierte die osmanische Oberschicht eher dazu, die Anführer der Bewegung durch Verleihung wichtiger Ämter zu neutralisieren. Wo das nicht möglich war, wurden prominente Anhänger der Protestbewegung aus der Hauptstadt verbannt.

60

Die Restauration der Köprülüs

Letztere Maßnahme wurde vor allem von dem Großwesir Mehmed Köprülü bevorzugt, der 1656 von Mehmed IV. zum Großwesir ernannt worden war. Dabei sicherte ihm der Herrscher zur Beseitigung der Krise außerordentliche Vollmachten zu. Trotz seines bereits fortgeschrittenen Alters erwies sich Mehmed Köprülü als erfolgreicher Militär, der den Venetianern zwei jüngst eroberte ägäische Inseln abnahm und damit die Gefahr eines plötzlichen Überfalls auf Istanbul beseitigte (1657). Rebellische Soldaten wurden von den Musterrollen gestrichen und zahlreiche Untertanen, die in der einen oder anderen Weise ein Staatsamt erhalten hatten, wieder in ihren alten Stand zurückversetzt. Dabei ging es nicht ohne Massentötungen ab, besonders unter den aufständischen Kavalleristen. Beim Tode Mehmed Köprülüs 1661 waren jedoch die Soldatenaufstände vorerst niedergeschlagen.

Köprülüs Sohn Fazıl Ahmed, der zum Nachfolger seines Vaters bestellt und bis zu seinem Tode 1676 im Amt blieb, war seiner Ausbildung nach ein Dozent der Rechts- und Gottesgelehrtheit. Diese für einen Wesir ungewöhnliche Vorbildung läßt vermuten, daß er zuerst wahrscheinlich die Richterlaufbahn angestrebt hatte. Fazıl Ahmed Köprülü war ebenfalls in den meisten seiner militärischen Unternehmungen recht erfolgreich: So gelang es den osmanischen Armeen, die Hegemonie in Siebenbürgen wiederherzustellen. Nach einem Feldzug gegen die Habsburger fiel trotz eines Rückschlags gegen die von Montecuccoli kommandierten Truppen der Friedensschluß von Vasvar (1665) für die Osmanen sehr günstig aus. Zudem gelang es Fazıl Ahmed Paşa, die bereits seit Jahrzehnten andauernden Kampagnen zur Eroberung Kretas mit der Einnahme von Kandia (Heraklion, 1669) zu einem Abschluß zu bringen. Eine Serie von Feldzügen in Polen und Litauen brachte mit der Einnahme von Kamenets-Podolsk (1672) das osmanische Reich zu seiner maximalen Ausdehnung. Zwar besaßen einige andere Mitglieder der Familie Köprülü, die es in der Folgezeit gleichfalls zu hohen Ämtern brachten, nicht die politische Fortüne von Mehmed und Fazıl Ahmed Paşa. Doch sicherte der Einfluß, den Mitglieder der Familie über den politisch nur wenig aktiven Sultan Mehmed IV. ausübten, für etwa zwei Jahrzehnte Kontinuität, politische Neutralität der Soldaten und außenpolitische wie militärische Erfolge.

Innenpolitische Veränderungen (vom späten 17. Jahrhundert bis 1774)

Mit Ausnahme von Murad IV. und Mustafa II. (1695–1703) spielten die Sultane des 17. Jahrhunderts keine herausragende Rolle; und was das 18. Jahrhundert anbelangt, so haben eigentlich nur Ahmed III. (1703–30) und Selim III. (1789–1807) bei der heutigen Forschung Interesse erregt. Unter dem Wesirat der beiden Köprülüs fand, wie wir gesehen haben, eine Aufwertung des Großwesiramtes statt. Auch im 18. Jahrhundert begegnet man einigen „starken" Persönlichkeiten als Großwesiren, insbesondere Ibrahim Paşa, der nach der von ihm begründeten Stadt als der „aus Nevşehir stammende" bekannt geworden ist.

Aber neu ist die starke Stellung anderer Mitglieder der osmanischen Bürokratie, insbesondere des „Obersten Schreibers" (reisülküttâb oder reis efendi). Dieser war Mitglied im Stabe des Großwesirs, und zu seinem Zuständigkeitsbereich gehörte die auswärtige Korrespondenz. Mit der zunehmenden Bedeutung diplomatischer Beziehungen zu europäischen Staaten im 18. Jahrhundert wurde dieses Amt erheblich aufgewertet. Auch ergaben sich für ehemalige Gesandte an europäischen Höfen, die etwa im 16. Jahrhundert selten einen hohen Rang erreicht hatten, in der zweiten Hälfte des 18. Jahrhunderts oft besondere Aufstiegsmöglichkeiten, die sie ihrer Kenntnis ausländischer Höfe verdankten. Dieses Phänomen, das von etwa 1840 an für die osmanische Bürokratie prägend sein sollte, ist damit als eine Fortsetzung älterer Trends einzustufen.

Aber auch die Inhaber anderer Ämter konnten zu gewissen Zeiten eine große politische Karriere machen. So ernannte Mu-

62

stafa II. seinen ehemaligen Lehrer Feyzullah Efendi zum *şeyhülislam* und damit zum Ersten unter den osmanischen Rechts- und Gottesgelehrten. Während des osmanisch-habsburgischen Krieges nahm Feyzullah Efendi auch auf die Kriegführung erheblichen Einfluß, was Proteste der Soldaten nach sich zog. Mit der Übernahme einer aktiven politischen Rolle verlor der *şeyhülislam* allerdings auch den weitgehenden Schutz vor Leibesstrafen, dessen sich osmanische *ulema* normalerweise erfreuten.

Man kann also im osmanischen Staat des 17. und 18. Jahrhunderts ein Zurücktreten des Herrschers und ein Hervortreten der verschiedenen Amtsträger feststellen. In der älteren Forschung hat diese Entwicklung oft als ein Symptom osmanischen Niedergangs gegolten. Heute ist diese Bewertung weniger verbreitet. Man erinnert sich der Feststellung Max Webers, daß nämlich Bürokratisierung und Routinisierung typisch für neuzeitliche Herrschaftsausübung sind. Dementsprechend hatte der osmanische Staat stabile Institutionen herausgebildet. Die Haushalte von Wesiren und Gouverneuren rekrutierten Nachwuchs für den Staatsapparat; daneben aber entfaltete auch die Bürokratie eine eigene Dynamik. Man kann es durchaus als eine Stärke des osmanischen Staates betrachten, daß dieser jetzt zur Not ohne einen aktiven Sultan auskommen konnte.

In den Provinzen hingegen verloren die früher von der Zentralregierung eingesetzten Gouverneure an Bedeutung gegenüber örtlichen Steuerpächtern, die nach 1695 ihre Verträge auf Lebenszeit verlängern konnten. Im 18. Jahrhundert beggnen uns an vielen Orten Gouverneursdynastien, wie etwa die Calilis in Mosul oder die 'Azms in Damaskus, die „ihre" Territorien mehr oder weniger selbständig verwalteten. Die ältere Forschung hat darin die Anfänge von Nationalstaaten des 20. Jahrhunderts sehen wollen, eine Interpretation, die von neueren Historikern weitgehend zurückgewiesen wird. Ganz im Gegenteil betont man heute die weitgehende osmanische Loyalität dieser Provinzmagnaten. Allerdings verfolgten diese oft ihre eigene Politik gegenüber den europäischen Kaufleuten,

63

die auf ihren Territorien Handel trieben, und förderten damit die regional stark differenzierte Eingliederung des osmanischen Gebietes in das kapitalistische Weltsystem.

Krieg und Frieden an der iranischen Grenze

1590 hatte der noch sehr junge Schah von Iran Abbas I. (1587–1629) mit den Osmanen einen Frieden abgeschlossen, der für letztere sehr günstig war. Der Sultan erhielt nicht nur Aserbeidschan sowie die Vorherrschaft im sonst meist als iranischer Einflußbereich angesehenen Kaukasus, sondern auch einen bedeutenden Prestigegewinn. Doch gelang es Schah Abbas in den folgenden Jahren, seine Herrschaft in den ihm verbliebenen Territorien zu festigen und insbesondere eine aus georgischen Sklaven zusammengesetzte, den Janitscharen vergleichbare Truppe aufzustellen. 1603/04 griff Schah Abbas erneut an und eroberte nicht nur Aserbeidschan zurück, sondern auch die wichtige Festung Revan (heute Eriwan in Armenien). Ein weiterer Feldzug führte in den seit fast einem Jahrhundert osmanischen Irak und resultierte in der Eroberung Bagdads. Auch Diyarbakır, das Zentrum Südostanatoliens, wurde von safawidischen Truppen eingenommen (1623/24). 1635 gewann allerdings Sultan Murad IV. (1623–40) viele Eroberungen des mittlerweile verstorbenen Schah Abbas in einem persönlich angeführten Feldzug wieder zurück, darunter Revan und Bagdad. Zu Ehren dieser beiden Erfolge ließ Murad IV. im Garten des Topkapı-Palastes zwei noch erhaltene, elegante Kioske errichten. Der Frieden von Zuhab bzw. Kasr-i Shirin (1639), der mehrere Jahrzehnte halten sollte, bestätigte die osmanische Rückeroberung von Bagdad.

Ein neuer osmanisch-iranischer Krieg wurde erst von Sultan Ahmed III. (1703–30) im Jahre 1726 unternommen, als die Safawidendynastie ihrem Ende zuging und ein Feldzug Zar Peters I. im Kaukasus die Schwäche der iranischen Verteidigung offensichtlich gemacht hatte. Aber die osmanischen Eroberungen, u.a. Täbris, wurden bald von dem afghanischen Heerführer Nadir Khan (später Nadir Schah) zurückgenommen. Beim Friedensschluß 1730, und desgleichen nach einem weiteren Krieg 1746, wurde eine Grenze auf der Basis des alten Vertrags von 1639 vereinbart.

Letzte Kriege gegen Venedig, der Konflikt mit den Habsburgern

Nach dem Verlust Zyperns (1571–73) verblieb Venedig, neben einigen Häfen an der dalmatinischen Küste sowie wenigen Inseln im Ionischen Meer, von seinem spätmittelalterlichen Kolonialreich nur noch die Insel Kreta, die den Seeweg zwischen Istanbul und Ägypten beherrschte. Wie schon in der Spätantike, spielte diese Provinz eine Schlüsselrolle in der Ernährung Istanbuls, und so dürfte die geographische Lage Kretas ebenso wie die Schwächung Venedigs im 17. Jahrhundert das Motiv für den osmanischen Eroberungsfeldzug gewesen sein. Dieser zog sich von 1644 bis 1669 hin. Zwar versuchten die Venezianer, als der Verlust Kretas sich abzuzeichnen begann, sich im heutigen Griechenland, besonders auf der Peloponnes, einen Ersatz zu schaffen; im Verlauf dieser Kämpfe kam es 1687 zu der Explosion, die den Parthenon zerstörte. Doch mit dem endgültigen Scheitern dieser Versuche 1710 war Venedig auf eine Rolle als norditalienischer Regionalhafen, Kunstzentrum und Reiseziel von Kavalierstouren des europäischen Adels zurückgeworfen. Sicherlich hat die Verlagerung der europäischen Fernhandelswege auf den Atlantik und Indischen Ozean, sowie die Krise des oberdeutschen Hinterlandes von Venedig während des Dreißigjährigen Krieges (1618–48) bei dem Rückgang der Handelsrepublik eine wichtige Rolle gespielt. Aber bei alledem sollte die schlichte Tatsache nicht vergessen werden, daß das venezianische Kolonialreich weitgehend in osmanische Hände übergegangen war.

Mit den Habsburgern wurde zwischen 1593 und 1606 (Friede von Zsitva Torok) der sogenannte Lange Krieg um die Herrschaft in Ungarn ausgefochten. Trotz eines bedeutenden osmanischen Sieges bei Mezökeresztes/Haçova (1596) war der Gewinn des Sultans mit einigen ungarischen Festungen eher bescheiden. Bis 1663 herrschte an der osmanisch-habsburgischen Grenze ein befristeter, aber immer wieder erneuerter Friede. Aus dem Dreißigjährigen Krieg haben sich die osmanischen Sultane ebenso herausgehalten wie aus den englischen Bürgerkriegen, die 1649 mit der Hinrichtung Karls I. endeten. Allerdings hatten sowohl der kalvinistische König von Böhmen Friedrich V. vor der Schlacht am Weißen Berge (1620) wie auch Karl I. von England ernsthafte Versuche unternommen, Unterstützung vonseiten der jeweils regierenden Sultane zu erlangen.

Neue osmanische Vorstöße auf habsburgisches Gebiet erfolgten erst wieder in den sechziger Jahren; eine Niederlage der osmanischen Truppen bei St. Gotthard an der Raab (1664) leitete einen weiteren nahezu zwanzigjährigen Frieden ein. 1683 führte ein neuer osmanischer Feldzug zu der berühmten zweiten Belagerung von Wien. Sowohl diplomatisch als auch strategisch gesehen, waren hohen osmanischen Würdenträgern bei der Vorbereitung dieser Aktion schwere Fehler unterlaufen. Zum einen war man am osmanischen Hofe offenbar nicht darüber informiert, daß der polnische König Jan Sobieski zwar als Vertreter der „französischen" Partei im polnischen Reichstag (Sejm) gewählt worden war, aber nach seiner Inthronisierung gute Beziehungen zu den Habsburgern angeknüpft hatte. Diese Fehleinschätzung führte wiederum dazu, daß bei der osmanischen Feldzugsplanung die Möglichkeit, daß ein Entsatzheer der Stadt Wien zu Hilfe kommen könnte, nicht wirklich berücksichtigt worden war.

Das Scheitern der Belagerung von 1683 war für die Osmanen ein viel ernsterer Rückschlag, als es der Rückzug von 1529 gewesen war. Denn diesmal waren die Habsburger sehr wohl in der Lage, die sich zurückziehenden osmanischen Truppen über die Grenzen nach Ungarn hinein zu verfolgen. 1686 fiel die Festung Buda, etwa hundertfünfzig Jahre lang die Hauptstadt des osmanischen Ungarn. Die habsburgischen Truppen mitsamt ihren Verbündeten besetzten in etwa das Territorium des spätmittelalterlichen Königreichs Ungarn, mit zumindest zeitweiligem Einschluß der Stadt und Festung Belgrad. Auch Siebenbürgen wurde jetzt habsburgisches Gebiet.

Polen, das russische Reich, die Tataren und Kosaken

Bereits in der zweiten Hälfte des 16. Jahrhunderts zeigten die osmanischen Sultane ein besonderes Interesse an der Besetzung des polnischen Königsthrons; dabei war der Hauptgesichtspunkt, daß kein Habsburger oder dieser Dynastie nahestehender Fürst König werden sollte. Zwischen Polen-Litauen und dem Osmanenstaat befand sich eine wenig besiedelte Grenzzone, in der einerseits die Tatarenfürsten der Krim, andererseits die Polen-Litauen oder auch dem russischen Zaren zugeordneten Kosaken sich einen permanenten Kleinkrieg lieferten.

Die Kosaken setzten sich aus sehr verschiedenen Gruppen zusammen; in der Frühzeit gab es unter denen, die die Hoheit des Zaren anerkannten, nicht selten tatarische Prinzen, die bei einem Thronstreit in ihrem eigenen Gemeinwesen nicht zum Zuge gekommen waren. Aber ein guter Teil der Kosaken bestand aus Landbewohnern, die der in Polen wie in Rußland sich ausbreitenden Leibeigenschaft entgehen wollten. Diese lebten in der Sommersaison als Jäger und Fischer im Mündungsgebiet des Dnjepr und Dnjestr. Von der polnischen Adelsgesellschaft wurden die Kosaken deswegen als politische Gefahr betrachtet, weil sie das Prinzip bäuerlicher Leibeigenschaft durchbrachen; im Laufe des 17. Jahrhunderts wurde ihre Zahl auf administrativem Wege immer weiter eingeschränkt.

Zu Beginn des 17. Jahrhunderts wurde für viele Kosaken die Piraterie auf dem Schwarzen Meer zur Einkommensquelle und Lebensform. Mit kleinen flachen Booten überquerten sie das Wasser; nicht nur anatolische Küstenstädte, sondern auch die Umgebung Istanbuls wurde von ihnen mehrmals gebrandschatzt. Die Schwierigkeit der Piratenbekämpfung war zweifellos einer der Faktoren, der die Sultane dazu veranlaßte, eine Kontrolle des von den Kosaken genutzten, von den großen Flüssen Prut, Djnestr, Bug und Dnjepr durchzogenenen Grenzgebietes anzustreben; die wichtigste osmanische Grenzfestung war das mehrmals hart umkämpfte Hotin am Dnjestr. Nach langen Kämpfen zwischen den drei betroffenen Herrschern, die sich über das 17. Jahrhundert hinzogen, verödete das Grenz-

67

gebiet weitgehend; und der Vertrag von Radzin (1681) etablierte das Niemandsland als zwischenstaatlichen Trennbereich.

Die Tataren bildeten ein dem Sultan unterstelltes Fürstentum, den letzten Rest der Goldenen Horde, die im 13. und 14. Jahrhundert ganz Rußland beherrscht hatte. Wie bei abhängigen Fürstentümern üblich, wurde der jeweilige Khan zwar von der osmanischen Regierung eingesetzt. Er mußte aber der herrschenden Familie, die sich als Nachfahren von Dschingis Khan verstand, angehören. Nach osmanischen Vorstellungen galt diese Familie als die vornehmste im Reich nach der des Sultans; aber unter den Tataren selbst gab es zumindest im 18. Jahrhundert auch andere Bewerber um die Führungsposition. In Kriegszeiten stellten die Tataren einen Teil der osmanischen Streitmacht, aber oft agierten sie auch unabhängig von der Kriegführung des Sultans. Ihre schnellen Feldzüge erlaubten es ihnen mehrmals, Moskau oder zumindest seine Vorstädte zu verbrennen. Erst im Vertrag von Radzin (1681) versprachen die Sultane, daß solche Beutezüge künftig unterbleiben sollten. Aber die Durchsetzung war oft ein Problem, und in der zweiten Hälfte des 18. Jahrhunderts meinte der osmanische Staatsmann und Historiker Ahmed Resmi, die Tataren seien der Hauptgrund für die kriegerischen Verwicklungen zwischen Sultan und Zar.

Die Kriegszüge Zar Peters I. gegen die Osmanen führten nicht zu dauerhaften russischen Eroberungen; allerdings zeigte sich, daß der Fürst der Moldau, ebenfalls ein Vasall des Sultans, leicht zum Übergang auf die Seite des Zaren zu bewegen war. Um solchen Ereignissen in Zukunft vorzubeugen, wurde daraufhin die Gepflogenheit, Einheimische zu Fürsten von Moldau und Walachei (im heutigen Rumänien) zu ernennen, aufgegeben; an deren Stelle traten Statthalter aus vornehmen griechischen Familien Istanbuls, die sogenannten Phanarioten.

Weiterreichende Wirkungen als der Konflikt mit Peter I. hatte jedoch der russisch-osmanische Krieg von 1768–74, in den der Sultan eingetreten war, um den Einfluß des Zaren in Polen einzudämmen und das 1699 verlorene Podolien zurückzugewinnen. Eine russische Flotte segelte aus der Ostsee auf den Kriegsschauplatz im östlichen Mittelmeer und vernichtete die osmanischen Kriegsschiffe vor Çeşme (1770). Auch lösten die Kommandanten der Zarin Katharina II. einen Aufstand auf der Peloponnes aus, der von dem osmanischen Wesir Muhsinzade Mehmed Paşa niedergeschlagen wurde. Aber die albanischen irregulären Truppen, die bei dieser Kampagne eingesetzt worden waren, führten auf der Halbinsel bald ein solches Schrekkensregiment, daß ein weiterer osmanischer Feldzug nötig wurde, um sie aus ihren Positionen zu vertreiben. Die langfristige Verbitterung, die diese oft unter anarchischen Umständen ausgefochtenen Kriege auslösten, sind wichtig als ein Teil der Vorgeschichte des griechischen Aufstandes von 1821. Der Vertrag von Küçük Kaynarca, der den Krieg nach mehreren vergeblichen Ansätzen endlich beendete (1774), brachte dem osmanischen Reich schwere Einbußen. Mit der Krim ging zum ersten Mal muslimisches Gebiet verloren (endgültige Annexion 1783). Ebenso schwerwiegend war die Tatsache, daß das Schwarze Meer, seit etwa drei Jahrhunderten ein osmanisches Gewässer und fremden Schiffen gesperrt, nun der europäischen Navigation geöffnet werden mußte.

Thronfolge und dynastische Selbstdarstellung

Mit dem Ausdruck „Weiberherrschaft" bezeichneten bis vor ganz kurzer Zeit Historiker das späte 16. wie die erste Hälfte des 17. Jahrhunderts, als die Mütter der Sultane (Valide Sultan) eine bedeutende politische Rolle spielten. Auch Zeitgenossen haben auf die Machtfülle dieser Frauen oft sehr negativ reagiert. Aber der feministische Ansatz in der Geschichtsschreibung hat uns auf die weite Verbreitung der Misogynie „aus Prinzip", nicht nur bei den Osmanen sondern auch in Europa, aufmerksam gemacht. Historiker/innen sind deswegen heute weniger geneigt, die Anschuldigungen gegen die Sultansmütter unbesehen als bare Münze zu akzeptieren.

Sultansmütter entfalteten besonders dann eine rege Tätigkeit, wenn der Herrscher selbst unmündig war; und sowohl

Murad IV. als auch Mehmed IV. (1648–87) kamen als kleine Kinder auf den Thron. Allerdings ist durchaus nicht sicher, daß die Sultansmütter dieser Epoche wirklich politisch so unerfahren waren, wie gern behauptet wird. Der Harem war eine komplizierte, stark hierarchisch gegliederte Institution; und es war kaum möglich, sich ohne beträchtliches politisches Geschick darin durchzusetzen.

Neue Forschung hat gezeigt, daß sich der Stellenwert der Sultansmütter im Leben der Dynastie mit dem Wandel der Thronfolgepraxis veränderte. Bis um die Mitte des 16. Jahrhunderts war es üblich gewesen, daß eine Haremsdame, die dem Sultan einen Sohn geboren hatte, mit letzterem in die Provinz zog, sobald der Prinz alt genug war, eine Statthalterschaft zu übernehmen.[16] Aber als Süleyman I. (Kanuni) die Sultanin Hurrem (Roxelane) zur Gemahlin nahm, folgte aus der engen Bindung der Ehegatten, daß die meisten der um den Thron konkurrierenden Söhne dieses Herrschers die gleiche Mutter hatten. In den Streitigkeiten zwischen ihren Söhnen waren Hurrem Sultan die Hände gebunden. Aber wenn es um die Konkurrenz mit den Söhnen aus früheren Verbindungen Sultan Süleymans ging, handelte Hurrem Sultan „den Regeln entsprechend", wenn sie gegen die Stiefsöhne vorging und die eigenen Nachkommen nach Kräften förderte. Nur spielten sich diese Manöver jetzt nicht mehr in der Abgeschiedenheit eines Provinzpalastes ab, sondern „voll sichtbar" in Istanbul selbst. Diese Situation erklärt wohl, warum Hurrem Sultan besonders von denen, die einen Prinzen aus einer früheren Verbindung Süleymans als Thronfolger sehen wollten, als eine die ihr zugewiesenen Grenzen überschreitende Intrigantin angesehen wurde.

Die Prinzenmütter der folgenden Generationen, gegen Ende des 16. Jahrhunderts, fanden eine gründlich veränderte Situation vor. Denn die Nachfolgeregelung, die seit der Regierungszeit Mehmeds des Eroberers gegolten hatte, war zu dieser Zeit wieder in Fluß geraten. Selims Nachfolger Murad III. war der letzte, der noch eine Ausbildung in der Provinz erhalten hatte. Fortan blieben die Prinzen im Palast, unter dem wachsamen

70

Auge des Herrschers und fast ohne Verbindung zur Außenwelt. Die Regel, daß der Sultan bei seiner Thronbesteigung seine Brüder umbringen ließ, kam im Laufe des 17. Jahrhunderts deutlich seltener zur Anwendung. Dafür bildete sich eine institutionalisierte Thronfolge heraus, bei der jeweils das älteste Mitglied des Hauses Osman den Thron bestieg.

Damit war die Regel, daß eine Prinzenmutter mit ihrem Sohn den Sultanspalast verlassen sollte, gegenstandslos geworden. Durch den Verbleib in Istanbul eröffneten sich für diese Frauen Möglichkeiten der politischen Einflußnahme im Zentrum der Macht selbst. Neben der Beteiligung an Palastintrigen wären da besonders Verbindungen zu den in der Hauptstadt stationierten Janitscharen zu nennen. Auch die aufwendigen Stiftungen, die manche Sultansmütter errichten ließen, zeigen, daß diese Frauen Macht ausübten. Allerdings trugen die von ihnen errichteten Gebäude meist nicht den Namen der Stifterin selbst, sondern lediglich ihren Titel: Valide Sultan. Die Machtmittel der Sultansmütter dieser Zeit wurden noch dadurch vergrößert, daß seit der zweiten Hälfte des 16. Jahrhunderts der Sultan seine Residenz in den Harem verlegt hatte. Diesem aber stand seine Mutter vor, und der Herrscher verbrachte somit einen guten Teil seiner Zeit in dem von der Valide Sultan kontrollierten Bereich.

Um die Mitte des 17. Jahrhunderts fand unter dem Druck auswärtiger Kriege und innenpolitischer Krisen eine Reform staatlicher Strukturen statt, die dem Großwesir eine bedeutende Machtfülle einräumte und die der weiblichen Mitglieder der Dynastie empfindlich beschnitt. Doch im Verlauf des 18. Jahrhunderts beobachten wir erneut, daß weibliche Mitglieder der Sultansfamilie eine sichtbare Rolle spielten. Allerdings handelt es sich jetzt nicht so sehr um die Mütter, sondern um die Töchter und Schwestern regierender Sultane, die nach ihrer Verheiratung mit hohen Würdenträgern Paläste am Bosporus zugewiesen bekamen. In der Selbstdarstellung der Sultansfamilie spielten diese Prinzessinnen eine wichtige Rolle, und erst die Errichtung eines „neoabsolutistischen" Sultansregimes im 19. Jahrhundert sollte ihren Einfluß wieder zurückdrängen.

Gelehrte, Reisende und politische Schriftsteller[17]

Im 17. Jahrhundert entwickelte die osmanische Hauptstadt trotz aller innen- und außenpolitischen Krisen ein breitgefächertes intellektuelles Leben. Kâtip Çelebi („der Herr Schreiber", eigentlich Mustafa b. Abdullah, 1609–57, in europäischen Quellen auch Hadschi Khalfa) produzierte eine noch heute benutzte große Bibliographie islamischer Werke, eine Chronik und Schriften zur Staatsreform. Aber am berühmtesten unter seinen zahlreichen Arbeiten wurde wohl sein geographisches Werk „Aussicht auf die Welt" (*Cihân-numâ*). Darin wollte er nicht nur das geographische Wissen über die osmanischen Provinzen zusammenfassen, sondern dies auch in die Kategorien einbauen, die er durch die Übersetzungen niederländischer Atlanten, insbesondere des *Atlas minor*, gewonnen hatte. Aufgrund neuerer Publikationen, die ihm jeweils zugänglich wurden, schrieb der Autor sein Werk mehrmals um, so daß es bei seinem Tod unvollendet war und von seinen Freunden zu Ende gebracht werden mußte. Im Jahre 1732 sollte es dann als eines der ersten osmanischen Werke auch im Druck erscheinen.[18]

Weniger gelehrt, dafür aber sehr originell, war Kâtip Çelebis jüngerer Zeitgenosse Evliya Çelebi (1611–um 1685). Evliya hatte seine Ausbildung im Palast absolviert. Aber der Übernahme einflußreicher Ämter hat er sich stets entzogen. Stattdessen hat er das osmanische Reich in seiner Gesamtheit bereist, und dazu noch einige grenznahe Gebiete wie etwa den Sudan, Westiran und auch Wien.[19] Evliya kannte die geographische Literatur der mittelalterlichen arabischen wie der osmanischen Tradition. Aber diese genau wiederzugeben und gegebenenfalls zu korrigieren, wie es einem Gelehrten entsprochen hätte, lag ihm völlig fern. Vielmehr hat er seine Kenntnisse und Erfahrungen zum Grundgerüst einer Reiseerzählung gemacht, ein Genre, das bis dahin in der osmanischen Literatur nicht geläufig war. Das hat so manchen Benutzer enttäuscht, der Evliyas Werk als geographische Quelle benutzen wollte. Aber wenn man bereit ist, das Element des Fiktiven mit einzubeziehen, ist das Reisewerk eine spannende und instruktive Lektüre.

Kâtip Çelebi und Evliya Çelebi waren gebürtige Osmanen; aber auch unter den zu Muslimen gewordenen Neuankömmlingen aus Europa sind einige beachtliche Persönlichkeiten zu nennen. Ali Ufki (etwa 1610 – etwa 1675) war ursprünglich Pole, dessen latinisierter Name Albertus Bobovius gelautet hatte. Lange Zeit leitete er den Chor der Pagen im Topkapı Sarayı; bei dem großen Wert, der in der Palastkultur auf Musik gelegt wurde, war das eine verantwortungsvolle Tätigkeit. Dabei hat er seine wohl schon in Polen erworbenen Notenkenntnisse dazu benutzt, um die Musik, die von dem Pagenchor gesungen wurde, schriftlich niederzulegen. Viele seiner musikalischen Aufzeichnungen sind erhalten. Ali Ufkis intellektuelle Existenz scheint auf Dauer zwischen der osmanisch-islamischen und der europäisch-christlichen Lebenswelt oszilliert zu haben. Er hat sein ganzes Leben in Istanbul verbracht und dort Freunde unter gelehrten Osmanen gewonnen; aber auch mit Antoine Galland (1646–1715), dem Übersetzer von *Tausendundeine Nacht* ins Französische, der längere Zeit in der osmanischen Hauptstadt lebte, verbanden ihn enge Beziehungen. Die meisten seiner Werke liegen heute in europäischen Bibliotheken; aber zu seinen Lebzeiten waren Ali Ufkis Kenntnisse hilfreich für die Schüler in der Palastschule, die sich von ihm „Nachhilfestunden" im Gesang geben ließen.[20]

Im 17. und 18. Jahrhundert war auch die osmanische Geschichtsschreibung durch bedeutende Autoren vertreten. Mustafa Naima (1655–1716) kam aus der nordsyrischen Stadt Aleppo und sprach deshalb Arabisch ebenso wie Osmanisch-Türkisch. Sein großes Geschichtswerk umfaßt, wie in diesem Genre so oft, eine Epoche, die er nicht als Augenzeuge miterlebt hat (1591–1660). Eine Einleitung enthält Naimas Überlegungen zu Geschichte und Politik; seine Erörterung fußt auf den Gesellschaftstheorien des Nordafrikaners Ibn Khaldun (1332–82). Dieser war der Meinung gewesen, daß ein hohes Maß an sozialer Solidarität es den Steppen- und Wüstenbewohnern relativ leicht macht, Staaten zu gründen; doch nach

73

der Seßhaftwerdung löst sich diese Solidarität zwangsläufig auf, und die Staaten durchlaufen Entwicklungsstadien, die in Analogie zu denen gedacht sind, die sonst Lebewesen zugeschrieben werden. Besonders in der reichen Literatur, in der der Sultansverwaltung nahestehende Personen ihre Meinungen zur Situation des osmanischen Staates niedergelegt haben, haben die Gedanken Ibn Khalduns ihre Wirkung ausgeübt. Naima hat dieses Denkmuster in die osmanische Chronik übertragen.

Unter den Historikern und politischen Schriftstellern des 18. Jahrhunderts ist Ahmed Resmi (1700–83) bemerkenswert durch seine lange politische und diplomatische Erfahrung. Sein Bericht über Botschaftsreisen nach Wien und Berlin, längst ins Deutsche übersetzt, beschreibt mit einem gewissen Amüsement die Neugierde der preußischen Hauptstadtbewohner, die noch nie einen wirklichen Türken gesehen hatten.[21] Aber die wichtigsten Erfahrungen seines Lebens machte Ahmed Resmi während des russisch-osmanischen Krieges von 1768 bis 1774. Resmi hatte vor diesem Abenteuer gewarnt, sich aber gegenüber der Kriegspartei nicht durchsetzen können. Nun kam er zu dem Schluß, daß muslimische und nicht-muslimische Staaten den gleichen politischen Regeln unterworfen seien, zu deren wichtigsten die Angemessenheit von Zweck und Mitteln gehörte. Ein Herrscher, der die „natürlichen Möglichkeiten" seines Reiches überschätzte, werde nur seine Untertanen mit unmäßigen Steuern erdrücken.

Die osmanische Sicht auf Europa und die Belebung lokaler Traditionen

Es wäre eine grobe Vereinfachung, wenn man annähme, es hätte vor dem 18. Jahrhundert keine kulturellen Kontakte zwischen dem Osmanischen Reich und Europa gegeben. Was die höfische Kunst anbelangte, gab es sie, wenn auch nur sporadisch, seitdem Mehmed der Eroberer den venezianischen Maler Gentile Bellini nach Istanbul eingeladen hatte. Evliya Çelebi war bei seinem Wienbesuch (1665) besonders von der Orgel des Stephansdoms beeindruckt, aber auch von der Architektur

74

des Stephansturms und von dem Geschick der Wiener Wund-
ärzte. Auch erklärt der Reisende ausdrücklich, daß die Vorstellung, Christen beteten Bilder an, auf einem Irrtum beruhe;
vielmehr seien diese als pädagogisches Wirkungsmittel, d. h. als
Biblia pauperum (Armenbibel) gedacht.[22] Man kann nur spekulieren, mit wem Evliya sich in Wien unterhalten haben mag.

Doch trifft es zu, daß im 18. Jahrhundert die Kontakte des
osmanischen Hofes, besonders nach Frankreich, intensiviert
wurden. Ein erster Anlauf geschah während der Regierungszeit
Sultan Ahmeds III. (1703–30), der einen Botschafter mit der
Aufgabe entsandte, ausführlich über das Leben am Hofe des
jungen Ludwigs XV. sowie die Merkwürdigkeiten von Paris zu
berichten. Der Bericht dieses Gesandten, mit Namen Yirmise-
kiz Mehmed Çelebi, steckt voll aufmerksamer Beobachtun-
gen.[23] Der osmanische Botschafter war offenbar wegen seines
Geschicks ausgewählt worden, mit Menschen umzugehen; so
nahm er seinen Sohn mit, der sich bald mit jungen französischen Adligen anfreundete. Auch das war wohl eine Quelle
wertvoller Sozialkontakte.

Sichtbar ist die Auseinandersetzung mit europäischen Kunst-
werken in der höfischen Kunst der Buchmalerei. Sie wurde
geprägt durch die Künstlerpersönlichkeit des Levni: Dieser
hat eine Darstellung der Beschneidungsfeierlichkeiten, die
Ahmed III. 1720 für seine Söhne ausrichten ließ, mit einer Serie
von eindrucksvollen Illustrationen versehen. Aber er produzierte auch elegante Einzelblätter, die junge Leute in verschiedenen Trachten zeigten; auch europäisch Gekleidete sind dabei. Levni und seine Schüler experimentierten mit Themen, die
neuartige künstlerische Aufgaben stellten. So hat Abdullah Bu-
hari eine junge Frau im Bade dargestellt, während ein anony-
mer Maler aus demselben Umkreis ein festliches Feuerwerk zur
Geltung bringen wollte und dabei die erste osmanische Darstellung eines Nachthimmels produzierte.

Bemerkenswert in diesem Zusammenhang ist auch die
Mode, vornehme Häuser und bald auch Moscheen mit Land-
schaftsdarstellungen zu schmücken. Zu Anfang des 18. Jahrhunderts scheint man in höfischen Kreisen nach Alternativen

zu den herkömmlichen Blumen und Ornamenten gesucht zu haben, ohne dabei das islamische Verbot der Menschen- und Tierdarstellung zu verletzen. Besonders beliebt wurden Stadtveduten. Vor allem Darstellungen der Hauptstadt mit ihren Moscheen, Booten und Inseln wurden auch von Honoratioren in der Provinz geschätzt. Diese Bilder sind zwar weitgehend der Miniatur verpflichtet, doch finden sich hier Experimente mit Licht und Schatten oder der Wiedergabe eines dreidimensionalen Raumes. Leider ist über die Identität der Maler und ihre Arbeitsweise bisher nichts bekannt.

Die Auseinandersetzung mit europäischer Kunst bildete nur eine Variante der Suche nach neuen Anregungen, die sich in der Kunst des 18. Jahrhunderts feststellen lassen. In Ägypten zog man es vor, auf mamlukische Vorbilder zurückzugreifen; ein großzügiger Bauherr wie Abd al-Rahman Katkhoda (um 1714–76) konnte gar zum Anreger eines neuen Stils werden. Noch eigenwilliger verfuhr die Familie des Ishak Paşa, dessen Machtbasis das Städtchen Doğubeyazit an der osmanisch-iranischen Grenze bildete. Als diese Familie sich nämlich in der zweiten Hälfte des 18. Jahrhunderts einen Palast bauen ließ, kamen die Anregungen sichtlich aus der seldschukischen Architektur, deren Blütezeit gute fünfhundert Jahre zurücklag.

Das Leben auf dem Lande

Da nach Ende des 16. Jahrhunderts die großen Register, die eine vollständige Auflistung der osmanischen Steuerzahler anstrebten, nicht mehr zusammengestellt wurden, sind wir auf lokale oder regionale Quellen angewiesen. Überregionale Vergleiche werden dadurch erschwert. Von den Bürgerkriegen der Zeit um 1600, die beträchtliche Siedlungsverluste etwa in Zentralanatolien bewirkt haben, ist bereits die Rede gewesen. In manchen Gegenden Anatoliens konnten zeitweilig keine Steuern mehr eingenommen werden, weil die Bauern geflohen waren; manchmal siedelten diese in weit entfernten Gebieten, in denen sie sich besseren Schutz erhofften. So fanden die osmanischen Amtsträger Dorfleute aus dem östlichen Zentralanatolien im äußersten Westen der Halbinsel wieder, in unmittelbarer Nähe der Hauptstadt. In anderen Fällen hören wir, daß die verbleibenden Bauern sich Fluchtburgen bauten, in denen sie sich vor Räubern und flüchtigen Soldaten, aber gewiß auch vor dem Steuereinnehmer, verschanzten.

Sicherlich in Überschätzung seiner eigenen Erfolge bei der Befriedung versuchte Sultan Murad IV. (1623–40), die Rückkehr der Flüchtlinge in ihre vormaligen Provinzen durchzusetzen. In Wirklichkeit war das nur in einigen Fällen möglich, denn oft hatten Bauern, ehe sie sich zur Flucht entschlossen, ihren Besitz verkauft, oder er war von anderen okkupiert worden. Nicht selten waren diese Usurpatoren Leute, die im osmanischen Staat Einfluß besaßen und sich auf diese Weise Ländereien verschafften. Auch war es mit der Sicherheit der Wälder und Steppen oft nicht weit her: das bezeugt der faszinierende Bericht des armenischen Priesters Grigor aus dem ostanatolischen Städtchen Kemah, der mit einer aus Muslimen und Christen bestehenden Karawane auf Befehl Murads IV. in seine Heimat zurückkehren mußte: eine wahre Odyssee[24]. So hatten die Unruhen der Zeit um 1600 zumindest in Anatolien bleibende Auswirkungen auf das Siedlungsbild: Während die günstig gelegenen Gebiete um die im 17. Jahrhundert aufblühende Hafenstadt Izmir wahrscheinlich einen Zuwachs verzeichnen konnten, wurden die Dörfer der zentralanatolischen Steppe oftmals zu Wüstungen. Nur im Hügelland, aber auch auf unzugänglichen Inseln in Flüssen und Mooren sowie in der besser geschützten Umgebung von Städten konnten sich Dörfer in größerer Zahl erhalten.

Während des 16. Jahrhunderts hatten sich zahlreiche west- und zentralanatolische Nomaden mehr oder weniger fest angesiedelt; doch wahrscheinlich durch die Lücken im Siedlungsbild angelockt, wanderten nach 1600 neue tribale Gruppen aus dem Osten des Landes zu. Das Vordringen einer solchen Gruppe läßt sich verfolgen: Nach einem Zwischenaufenthalt westlich von Konya tauchte sie schließlich auf der Insel Rhodos auf. Bauern führten oft bewegte Klage über diese Zuzügler, die Pferde und Waffen besaßen und damit den Dorfleuten, wenn der Staat nicht eingriff, überlegen waren. Vieh wurde oft in die noch nicht abgeernteten Felder getrieben, und, mit mindestens ebenso schlimmen Folgen, in die Gärten. Während es natürlich auch weiterhin friedliche Beziehungen zwischen Dörflern und Nomaden gab, wurden diese Klagen von der osmanischen Zentralregierung sehr ernst genommen.

Denn schließlich waren Bauern leichter zu besteuern als tribale Gruppen. So begann die osmanische Regierung gegen Ende des 17. Jahrhunderts mit systematischen Versuchen zur Ansiedlung von Nomaden. Als Siedlungsland war das heutige Grenzgebiet zwischen Syrien und der Türkei in Aussicht genommen; dabei hofften die osmanischen Amtsträger offensichtlich, daß die neuen Siedler ihr militärisches Potential noch eine Weile beibehalten und sich selbst wie ihre Nachbarn gegen die Angriffe von Wüstennomaden verteidigen würden. Aber diese Überlegung führte dazu, daß tribalen Gruppen Land angewiesen wurde, das sich für den Ackerbau nur wenig eignete. Zwar hatte die osmanische Verwaltung Spezialisten vorausgeschickt, die feststellen sollten, wo Brunnen gegraben werden konnten; aber ob man deren Empfehlungen dann befolgt hat, ist nicht so sicher. Auch wurden den Neusiedlern keine Mittel an die Hand gegeben, um ihnen über die ersten schwierigen Jahre in der neuen Lebensform hinwegzuhelfen. So gaben viele der Neusiedler ihre Sitze bald wieder auf, und da sie einen großen Teil ihres Viehbestandes verloren hatten, blieb ihnen kaum eine andere Ressource als die Räuberei.

Dörflicher Feldbau und Viehzucht durch tribale Gruppen waren zunächst für den Eigenbedarf bestimmt, obwohl ein Teil dieser Produktion durchaus auch vermarktet wurde. Daneben gab es jedoch Gegenden, in denen das landwirtschaftliche Produkt größtenteils für den Verkauf bestimmt war. Oliven wurden in Nordsyrien, in der Gegend von Jerusalem, in der Umgebung der nordwestanatolischen Kleinstadt Edremit und vor allem in Tunesien und auf der von den Osmanen erst 1645–69 eroberten Insel Kreta angebaut. In der osmanischen Ernährung hatte Olivenöl damals noch nicht den bevorzugten Platz inne, der ihm in der heutigen türkischen Küche zukommt. Deswegen wurde das Öl entweder für die Beleuchtung benutzt – selbst nach Mekka und Medina entsandte man Olivenöl für Moscheelampen – oder aber in der Seifenherstellung. Nordsyrien, das Umland von Jerusalem und Kreta waren für ihre Seifenwerke bekannt. Aber besonders von Kreta, Tunesien und der Peloponnes wurden bedeutende Mengen Olivenöl nach Marseille exportiert, wo es ebenfalls in der Seifenherstellung Verwendung fand. Im tunesischen Küstengebiet führte die Olivenausfuhr bereits im 18. Jahrhundert zu einer engen Bindung an die südfranzösische Wirtschaft, d. h. zu einer regionalen ‚Inkorporation‘.

Baumwollkulturen waren ebenfalls oft marktorientiert. Dieses Gewächs hatte in den Küstenebenen des östlichen Mittelmeers eine lange Tradition; wegen der Bedeutung von Baumwolle in der Segeltuchherstellung hatten die osmanischen Behörden den Export im 16. Jahrhundert oftmals verboten. Doch dies änderte sich seit etwa 1600; und im 18. Jahrhundert gehörte Baumwolle, roh oder bereits gesponnen und gefärbt, zu den wichtigen Ausfuhrgütern, um derentwillen Marseiller Kaufleute nach Izmir oder nach Sayda in Südsyrien kamen. Der Anbau scheint oft von Kleinbauern, und nicht etwa von Plantagenbesitzern, betrieben worden zu sein. Nur bei der Vermarktung spielten örtliche Steuereinnehmer eine wichtige Rolle; manche konnten dabei so viel verdienen, daß sie sich zu örtlichen Magnaten aufschwangen.

Osmanische Konjunktur und europäische Weltwirtschaft

Zwischen etwa 1720 und 1760–65 erlebten Handel und Gewerbe in vielen Zentren des osmanischen Reiches eine Epoche der Expansion. Auf dem Balkan gelang so manchem Maultiertreiber der Schritt zum Spediteur oder Fernhandelskaufmann, der die Leipziger Messe besuchte. Der erste Schritt in dieser Richtung war es oft, daß die Produkte winterlicher Heimarbeit im Frühling von den Maultiertreibern mitgenommen wurden, um sie, oft auf weit entfernten Märkten, zu verkaufen. So entwickelte sich etwa im heutigen Südbulgarien, in der Gegend von Plovdiv, die Weberei grober und fester Wolltuche. Dabei gelang es den örtlichen Kaufleuten, ihren Umsatz durch Strategien, die wir heute als aggressives Marketing bezeichnen würden, ganz erheblich zu steigern.

Aber auch in anderen Teilen des Osmanischen Reiches zeigten sich die Zeichen wirtschaftlicher Expansion. In den Häfen stellten europäische Kaufleute fest, daß ihnen besonders christliche Einheimische harte Konkurrenz machten. Aber auch in der inneranatolischen Stadt Tokat wurden bedruckte Baumwollstoffe und Kupferwaren hergestellt, während in Bursa ebenfalls Baumwoll- sowie leichte Seidenstoffe gewebt wurden. Die Seidenmanufaktur florierte auch auf der Insel Chios. Im heutigen Südostanatolien und Nordsyrien versuchten die Hersteller von Baumwolldrucken, die Kundschaft an sich zu ziehen, die seit dem 17. Jahrhundert Importe aus Indien kaufte. Geschickte Kopien indischer Stoffe aus diesen ostmittelmeerischen Zentren wurden zuweilen sogar nach Frankreich exportiert.

Über die Hintergründe dieser Expansion und ihres Endes zwischen 1760 und 1770 kann man nur spekulieren. Wahrscheinlich war es nicht unwichtig, daß nach dem Frieden von Pasarofça 1718 zumindest an den westlichen und nördlichen Fronten für einige Jahrzehnte nur kurzfristig Krieg geführt wurde, und daß der osmanische Staat ernsthafte Anstrengungen unternahm, um die Handelswege für Kaufleute wieder sicher zu machen. Es wurden Khane gebaut, die sich zuweilen zu Zentren von Kleinstädten entwickelten. So sollten die Schäden des Krieges von 1683–99 wiedergutgemacht werden, als die Konzentration aller Kräfte auf dem Balkan zum Überhandnehmen von Räubern auf den Straßen Anatoliens und Syriens geführt hatte.

Zu denken gibt aber auch die Tatsache, daß die expansive Konjunktur, die für das Frankreich dieser Zeit beobachtet worden ist, annähernd in die gleichen Jahre fällt wie das Aufblühen der osmanischen Zentren. Man könnte meinen, dieses Zusammengehen spreche für eine Integration des Osmanischen Reiches insgesamt in die europäisch dominierte „Weltwirtschaft". Diese müßte dann früher stattgefunden haben, als heute von den meisten Fachleuten angenommen wird, nämlich im 17. und womöglich schon im 16. Jahrhundert.

Für viele heutige Historiker gelten allerdings erst die letzten Dezennien des 18. Jahrhunderts sowie die ersten des neunzehnten als die entscheidende Periode des Umbruchs. Gegen die Hypothese einer frühen Integration in den Weltmarkt spricht die Annahme, daß gewerbliche Zentren an dieser positiven Konjunktur ihren Anteil hatten. Dies aber hätte nicht oder nur in geringem Maße der Fall sein dürfen, wenn es sich um die „Weltmarkt-Integration" gehandelt hätte, die das Osmanische Reich zum Absatzmarkt und Rohstofflieferanten europäischer Produzenten machte. Wenn Handwerksprodukte aus dem östlichen Mittelmeerraum also gesteigerten Absatz fanden, war das eher eine Angelegenheit des osmanischen Binnenmarktes.[25]

Doch scheint seit etwa 1750 zumindest die weltwirtschaftliche Integration küstennaher Regionen, wie etwa des Ägäisgebietes, rasch vorangegangen zu sein. Dies mußte nicht immer mit Desindustrialisierung einhergehen, auch wenn es oft der Fall war; so versorgten die Kaufleute und Spinnerinnen des thessalischen Städtchens Ambelakia erst englische und später österreichische Fabriken mit hochgeschätztem Baumwollgarn. Aber auf jeden Fall waren Produzenten und Händler jetzt den Schwankungen des Bedarfs in weit entfernten Wirtschaftszentren ausgesetzt, auf die sie nicht den geringsten Einfluß hatten.

Diskutiert wird auch die Frage, warum die Kriege des späten 18. Jahrhunderts zu keiner Kriegskonjunktur führten, sondern zu einer Krise, in der die Produzenten von Waffen und Nahrungsmitteln einfach nicht mehr in der Lage waren, die osmanischen Heere befriedigend zu versorgen. Es ist vorgeschlagen worden, daß die Finanzierungsmethoden der osmanischen Zentrale zu diesem Ergebnis geführt haben. Denn es war üblich, den Produzenten diese Kriegslieferungen entweder weit unter Herstellungskosten zu bezahlen oder sogar umsonst abzuverlangen. Dies führte zu allgemeinem Kapitalmangel und langfristiger wirtschaftlicher Schwäche. Aber warum hatten ähnliche Methoden im 16. oder 17. Jahrhundert nicht zu diesem Ergebnis geführt? Wahrscheinlich spielt dabei die Tatsache eine Rolle, daß die Kriegführung in der frühen Neuzeit immer kostspieliger wurde, ohne daß die Wirtschaft entsprechend expandiert hatte. Denn die Kapitalbildung scheint von jeher eine Schwachstelle der osmanischen Wirtschaft gewesen zu sein.

Osmanische Frauen

Da lokal orientierte Quellen seit etwa 1600 reichlicher vorhanden sind als für ältere Zeiten, lassen sich für diese Epoche Aussagen machen über Städterinnen, die nicht zum Umkreis des Palastes gehörten. Ein großer Teil der Quellen betrifft Vermögensfragen: denn das islamische religiöse Recht räumt Frauen ein Erbrecht ein, wenn auch nur die Hälfte des Anteils, der einem Manne gleichen Verwandtschaftsgrades zugestanden hätte. Wichtiger noch war die Tatsache, daß die verheiratete Frau ihr Vermögen selbständig verwalten durfte und rechtsfähig war. Sie konnte also vor Gericht eine Klage einreichen, auch gegen ihren Ehemann. Viele Frauen beschwerten sich über die Versuche männlicher Verwandter, sie um ihr Erbteil zu bringen. Aber auch nicht bezahlte Schulden sind in den Registern des Kadiamtes oft dokumentiert, denn nicht wenige Stadtfrauen erwarben sich ein kleines Einkommen, indem sie Geld ausliehen. Auch als Eigentümerinnen von Häusern und Gärten treten Frauen in Erscheinung.

Unsere Quellen reflektieren also die Probleme von Frauen, die etwas Geld besaßen. Die allerärmsten sind, wie übrigens auch sehr arme Männer, nur selten dokumentiert. Immerhin begegnen uns im Ankara der Jahre um 1600 Familien, die ihre kleinen Töchter als Dienstmädchen (*besleme*) verdingten. Andere Texte berichten von freigelassenen Sklavinnen, die eine Aussteuer erhielten. Es gibt auch Nachrichten über Spinnerinnen, die für Kaufleute arbeiteten; überhaupt scheinen Textilzentren wie Bursa oder Ankara Frauen größere Möglichkeiten geboten zu haben, in Heimarbeit Geld zu verdienen.

82

Bessergestellte Frauen wurden besonders dann aktenkundig, wenn sie eine Stiftung einrichteten. So konnten etwa bereits bestehende Familienstiftungen durch die Spende einer Frau aufgestockt oder freigelassene Sklavinnen dadurch versorgt werden, daß die Stiftung ihrer ehemaligen Besitzerin ihnen ein Dach über dem Kopf verschaffte. Stiftungen zugunsten von Moscheen waren häufig; aber zumindest im Bursa des 18. Jahrhunderts begegnen wir auch Frauen, die etwa für die Reparatur einer Straße oder Brücke sorgten.

Ein weiteres Forschungsthema bildet die religiöse, künstlerische und literarische Betätigung von Frauen. Im Prinzip konnten Mädchen vor der Pubertät eine Koranschule besuchen. Doch dürften die meisten Frauen, die das Lesen und Schreiben gelernt haben, zuhause unterrichtet worden sein. Besonders in Familien von Religions- und Rechtsgelehrten wie von Derwischen kamen lesende und schreibende Frauen öfter vor. Was die „offizielle" Religionsgelehrsamkeit anging, räumte man ihnen, frühislamischen Traditionen entsprechend, das Recht ein, Aussagen des Propheten (*hadis*) verbindlich zu tradieren. Aus der mazedonischen Stadt Üsküb (heute Skopje) sind die Briefe eines weiblichen Derwischs überliefert, die sie im 17. Jahrhundert an ihre Scheiche schrieb. In ihrer Familie hat man die Derwisch-Frau zumindest insoweit respektiert, als die Entwürfe ihrer Briefe aufbewahrt worden sind.

Auch in der osmanischen Poesie gab es gelegentlich weibliche Präsenz; im 18. Jahrhundert wurde die Istanbulerin Fitnet Hatun berühmt, die ihre männlichen Kollegen durch ihr ausgeprägtes Selbstbewußtsein öfters verschreckt zu haben scheint. Von den Arbeiten der Musikerinnen, deren es in vornehmen Häusern nicht wenige gab, ist vor dem 19. Jahrhundert nichts erhalten. In der bildenden Kunst gab es Stickerinnen und Teppichwirkerinnen; aber vor dem 19. Jahrhundert war das Signieren solcher Werke äußerst selten. Quellenfunde aus jüngster Zeit zeigen allerdings, daß auf diesem Gebiet neue Entdeckungen zu erwarten sind.[26]

4. „Das längste Jahrhundert des Reiches" (von Küçük Kaynarca bis zum Ende des Ersten Weltkriegs)

Staats- und Militärkrisen um 1800

Die schweren Niederlagen im Kriege von 1768–74 veranlaßten die osmanische Staatsführung, besonders nach der Thronbesteigung Sultan Selims III. (1789–1807), verstärkt auf die Einführung von europäischer Militärtechnik zu setzen. Diese Bestrebungen wurden während des gesamten 19. Jahrhunderts fortgesetzt; doch gab es nur wenige Kriege, die für die Osmanen erfolgreich ausgingen. Die Gründe dafür sind wohl eher wirtschaftlich und politisch denn in engerem Sinn militärisch. Bis zum Ende des 18. Jahrhunderts war nämlich die Mehrzahl der osmanischen Untertanen, einschließlich der Christen des Balkans, nicht bereit gewesen, den Aufrufen von Verschwörern gegen die osmanische Herrschaft Folge zu leisten, obwohl diese etwa im 16. Jahrhundert durchaus keine Seltenheit gewesen waren. Das änderte sich im 19. Jahrhundert; mobilisierte doch die Idee des Nationalismus, mit oder ohne religiöse Verbrämung, sowohl Provinzeliten als auch bald die „gewöhnlichen" Untertanen.

Zudem sah die Lage der Gegner des Osmanenreiches um 1800 anders aus als zwei Jahrhunderte früher: England hatte auf dem Weg zur Industrialisierung eine beachtliche Strecke zurückgelegt und einen großen Kolonialbesitz in Indien erworben, dessen Verteidigung eine aktive Mittelmeerpolitik vorauszusetzen schien. Napoleon gelang es zwar nicht, Ägypten als Kolonie für Frankreich zu erwerben, aber 1830 wurde Algerien erobert, und Tunesien wurde 1881 zur französischen Kolonie. Die Habsburgermonarchie war während des späten 17. und frühen 18. Jahrhunderts bis tief auf den Balkan vorgedrungen. Aber der für den Osmanenstaat gefährlichste Gegner war zweifellos das Zarenreich. Zum einen beanspruchten die Zaren eine Art Schutzherrschaft über die orthodoxen Christen des Balkans; zum anderen hatten die russischen Selbstherrscher seit dem frühen 18. Jahrhundert eine bedeutende Militärmacht aufgebaut.

Nimmt man zu diesen politischen Faktoren noch die „Inkorporation" in die europäisch determinierte Weltwirtschaft hinzu, die seit Ende des 18. Jahrhunderts schnell vonstatten ging, dann leuchtet es ein, daß sich der Osmanenstaat des 19. Jahrhunderts nach etwa 1815 in einer äußerst gefährdeten Lage befand.

Trotz des Interesses der Sultane des frühen 19. Jahrhunderts an militärischem Strukturwandel war, zumindest bis 1826, die Möglichkeit der Innovation auf diesem Gebiet stark begrenzt. Verlangten doch die neuen Techniken speziell ausgebildete Soldaten; diese wären jedoch sofort in Konkurrenz zu den Janitscharen getreten, die, wie bereits beschrieben, stark mit der Handwerksbevölkerung der großen Städte verzahnt waren. Für letztere aber hing der spärliche Lebensunterhalt an den Steuerprivilegien, die sie wegen ihrer Mitgliedschaft in den zu Milizen gewordenen Militärkorps innehatten. Dieser geringe wirtschaftliche Spielraum erklärt auch, warum die Janitscharen allen Neuerungen, die ihre Vorrechte hätten gefährden können, so feindselig gegenüberstanden.

Bestärkt wurden die Mitglieder der Handwerkermilizen in ihrer Haltung durch die Ärmeren unter den Rechts- und Gottesgelehrten (*ulema*). In diesem Bereich sahen sich diejenigen, die nicht zu etablierten Familien gehörten und ihre Ausbildung in der Provinz absolviert hatten, immer stärker auf wenig einträgliche Ämter abgedrängt. Da lag es nahe, die Legitimität des Staates von dem Erfüllen religiöser Vorschriften abhängig zu machen. Die *ulema*, auch die in bescheidener Position, legitimierten sich dabei als Wächter des muslimischen Gemeinwesens. Wenn die Muslime den Vorschriften des Islams nachlebten, so wurde argumentiert, würden mit Gottes Hilfe siegreiche Feldzüge nicht ausbleiben. Auf eine Nachahmung von Gewohnheiten der „Ungläubigen" konnte man dann getrost verzichten.

Demgegenüber dachten Mitglieder der osmanischen Oberschicht, wie etwa der schon erwähnte Ahmed Resmi, sehr pragmatisch: Um wieder siegen zu können, müsse man zunächst die Konsequenzen aus vorher begangenen politischen und militärischen Fehlern ziehen. Daraus ergab sich die Forderung nach strategischen und taktischen Reformen. Aber auch die Diplomatie wurde in diesem Kontext aufgewertet, denn nur so konnte man hoffen, die für die europäische Politik so typischen plötzlichen Bündniswechsel rechtzeitig vorauszusehen.

In diesem Zusammenhang taucht verstärkt ein Motiv auf, das man schon bei einigen osmanischen Chronisten des späten 16. Jahrhunderts findet: Es sei ein schwerer Irrtum anzunehmen, daß Gott, sozusagen automatisch, den Sieg der Muslime gegen die Ungläubigen veranlassen werde. Vielmehr gebe es Regeln der Politik und des Krieges, die für alle Staaten gälten, und wer sich nicht an diesen orientiere, werde nur die eigene Niederlage vorprogrammieren. Hier ergab sich ein Konflikt, der uns in mannigfachen Formen bis 1918 und auch darüber hinaus begegnen wird. Er spielte sich ab zwischen einer Oberschicht, die bereit war, mit neumodischen technischen und institutionellen Importen aus Europa zu experimentieren, um das Reich zu erhalten, und einer Unterschicht, die diesen Weg vielfach für grundsätzlich falsch hielt. Hier bahnte sich die extreme Divergenz zwischen Ober- und Unterschichtkultur an, die für das 19. Jahrhundert charakteristisch sein wird. Soziokulturelle Unterschiede zwischen Ober- und Unterschicht hatte es natürlich auch in anderen Epochen gegeben; aber diese hatten nie so fundamentale Punkte wie das Verhältnis von Religion und Politik tangiert. Daß es auch der osmanischen Oberschicht auf die Dauer nicht gelang, das Reich zusammenzuhalten, gab den Gegnern des „osmanischen Pragmatismus" immer wieder neue Argumente an die Hand.

Sultan Selim III. versuchte, Militärreformen durchzusetzen, indem er ein besonderes Armeekorps, die „Neue Ordnung" genannt, begründete. Europäische Instrukteure bildeten aus, auch erhielten die Soldaten eine verbesserte Ausrüstung. Aber der Sultan wurde abgesetzt und schließlich ermordet. Angesichts dieser Bedrohung verbrachte Selims Neffe Mahmud II.

(1808–39) nach seiner Thronbesteigung über ein Jahrzehnt damit, seine Macht zu stabilisieren. Dies bedeutete, daß er sich eine Basis in der Provinz schuf, indem er die während des 18. Jahrhunderts zur Macht gekommenen Notabeln und Magnaten mit scharfen Maßnahmen zurückdrängte.

Diese Politik hatte in den Zentralprovinzen weitgehend zum Erfolg geführt, als der Sultan wieder eine modernisierte Militäreinheit schuf. Bei einem Aufstand erlitten die Janitscharen eine vernichtende Niederlage, und das Corps wurde abgeschafft. Nun hatten die niederen *ulema* ihre stärkste soziale Stütze verloren, und städtische Aufstände von der Art, wie sie im 18. Jahrhundert häufig gewesen waren, konnten kaum noch unternommen werden. Auf dieser Basis errichtete Sultan Mahmud II. ein neoabsolutistisches Regime, wie es seinen Vorgängern im 17. oder 18. Jahrhundert gänzlich unbekannt gewesen war.

Ägypten und die europäischen Großmächte

Hierbei folgte Mahmud II. Verhaltensmustern, die ihm von seinem Statthalter von Ägypten Mehmed Ali (Muhammad Ali) vorgeführt worden waren. Diese Provinz war seit der osmanischen Eroberung von 1517 intern von den freigelassenen Militärsklaven (Mamluken) verwaltet worden, die das Land schon seit dem 13. Jahrhundert kontrolliert hatten. Doch waren die politisch relevanten Haushalte, in denen letztere wie auch viele andere Kairoer Militärs organisiert waren, seit dem späten 17. Jahrhundert immer selbständiger geworden. Von Istanbul aus gesehen, hatte die Herrschaft der Mamluken wie auch der übrigen Militärhaushalte jedoch ihre Untauglichkeit bewiesen, als ihre Armee von Napoleon in einer einzigen Schlacht vernichtet wurde (1798). Zwar scheiterte Napoleon bei dem Versuch, Ägypten auf Dauer zu kontrollieren. Aber die osmanische Rückeroberung war, trotz englischer Unterstützung, ein langwieriger Prozeß, und 1805 erkannte Selim III. Mehmed Ali, den erfolgreichsten Kommandanten dieser Kampagne, als Statthalter an. Dieser befestigte seine Herrschaft, indem er

1807 die Anführer der großen Mamlukenhaushalte mitsamt vielen ihrer Anhänger umbringen ließ und die Rekrutierung neuer Militärsklaven unterband.

Selbst in dieser frühen Phase aber zielte Mehmed Ali auf mehr als eine typische Statthalterschaft. Für den neuen Sultan Mahmud II. war er zunächst sehr wichtig, bildete doch die ägyptische Armee die einzige wirklich schlagkräftige Streitmacht, über die die osmanische Zentralregierung dieser Zeit verfügen konnte. So schlugen ägyptische Truppen den griechischen Aufstand nieder; daß es trotzdem zu einer griechischen Staatsgründung kam, war eine Konsequenz europäischer Großmachtinteressen.

Die Erfolge Mehmed Alis beruhten auf einer stehenden Armee, die aus ägyptischen Bauern rekrutiert wurde. Ihre Versorgung wurde sichergestellt durch ein System von staatlichen Fabriken, die wiederum durch ein Handelsmonopol des Herrschers mit Rohstoffen versorgt wurden. Die Fabriken, die Waffen, Munition und Stoffe herstellten, konnten sich selbst finanzieren, solange die Armee als Abnehmer bereitstand. Zwischen 1830 und 1840 erschien es, als würden in Ägypten mit staatskapitalistischen Methoden die Grundlagen der Industrialisierung geschaffen. Zugleich kam es bald zu einem Krieg zwischen Mehmed Ali, der eine unabhängige Herrschaft in Ägypten und Syrien anstrebte, sowie seinem osmanischen Oberherrn. Dabei schnitt der ägyptische Magnat überaus erfolgreich ab.

Der Sultan rettete sich dadurch, daß er die Unterstützung der europäischen Großmächte, insbesondere Englands, mobilisierte. Die ägyptische Industrialisierung bedrohte europäische Absatzmärkte wie Rohstoffquellen, von der Herausforderung durch einen „orientalischen" Herrscher, den man „in seine Schranken weisen" müßte, einmal ganz zu schweigen. Im Jahre 1840 wurde Mehmed Ali vor die Alternative gestellt, entweder einen Krieg gegen England durchzustehen, oder unter die Oberhoheit des Sultans zurückzukehren und die eroberten Territorien aufzugeben. Das Ende der ägyptischen Expansion bedeutete auch die Anerkennung des osmanischen Zollregimes.

88

Dieses machte es unmöglich, die staatlich geförderte Industrialisierung fortzusetzen. Mehmed Alis Versuch, eine Provinz des Reiches trotz ihrer bereits erfolgten Inkorporation in das europäische Wirtschaftssystem zu industrialisieren, war damit gescheitert.

Nationale Bewegungen auf dem Balkan (1803–1912)

Die wirtschaftliche Grundlage des griechischen Aufstands (1821) stellten die Aktivitäten der griechischen Handelsflotten dar. In den Kriegen der Revolutionsepoche wie der Zeit Napoleons (1792–1815) waren griechische Kauffahrer von der lästigen französischen Konkurrenz befreit und nutzten diese Gelegenheit zu kräftiger Expansion. Von der Kapitalbildung einmal abgesehen, ermöglichte das Transportwesen zur See die Anknüpfung wichtiger internationaler Beziehungen, etwa zu den russischen Zaren, die für ihre neuerworbenen Gebiete im Umkreis des Schwarzen Meers nach Kapital und Knowhow suchten und denen die Griechen wegen ihres orthodoxen Bekenntnisses als besonders geeignet erschienen.[27] So ist es zu verstehen, daß der griechische Aufstand von 1821 durch eine in Odessa angesiedelte Exilorganisation vorbereitet wurde.

Aus der Perspektive der Zaren bildeten die griechischen Bestrebungen nach einer Staatsgründung die günstige Gelegenheit, den Einfluß Rußlands auf dem Balkan auszudehnen. Von seiten der englischen Regierung erschien es von Belang, daß der neuentstehende Staat gute Beziehungen zu England unterhalten und den englischen Handel begünstigen würde. Außerdem galten die griechischen Kaufleute in Europa als kreditwürdig; deshalb war es für die Aufständischen möglich, ihren Krieg gegen das Osmanische Reich durch Anleihen zu finanzieren. 1830 erzwangen die europäischen Großmächte die Gründung eines auf dem Papier unabhängigen, in Wirklichkeit aber unter ihrer Schutzherrschaft stehenden griechischen Staates auf der Peloponnes und in Attika. König wurde auf einige Zeit der bayerische Prinz Otto (1833–62).

Der Beginn des serbischen Aufstandes ging auf die Jahre um

1800 zurück, als die Janitscharen der Belgrader Garnison durch ihre vielen Übergriffe die Bevölkerung gegen sich aufbrachten. Auch Sultan Selim III., der, wie wir gesehen haben, eine Militärreform betrieb, unterstützte zunächst die Bestrebungen seiner serbischen Untertanen nach Eindämmung der Janitscharen. Doch die innenpolitische Niederlage dieses Sultans machte den serbischen Aufstand zu einem ganz allgemein gegen die osmanische Herrschaft gerichteten Unternehmen. Seit 1830 war das Fürstentum Serbien als ein kleines autonomes Gebilde international anerkannt, das aber nach wie vor einen Teil des osmanischen Staatsverbandes bildete. Während in Griechenland eine kleine, aber recht wohlhabende Schicht von Kaufleuten an der Mittelmeerküste einer durchwegs armen, unfruchtbare Gebirgsfelder beackernden Bauernbevölkerung gegenüberstand, war das Fürstentum Serbien eine rein bäuerliche Gesellschaft, für die der Export von lebenden Schweinen den einzigen „Devisenbringer" darstellte.

Was das heutige Rumänien anbelangt, so war Siebenbürgen im 19. Jahrhundert Teil des Habsburgerreiches. Die Moldau und Walachei waren zwar osmanische Territorien, doch wurden diese Gebiete von christlichen Gouverneuren im Namen des Sultans regiert. Im Lauf des 19. Jahrhunderts nahm diese lokale Autonomie noch zu. Auch die Sozialstruktur war eine grundsätzlich andere als in den zentral regierten osmanischen Provinzen. So hatte der örtliche Adel, die sogenannten Boyaren, die Leibeigenschaft der Bauern durchgesetzt, eine auf osmanischem Gebiet sonst unbekannte Institution.

Auf dem Territorium des heutigen Bulgariens entwickelten sich, in Anbetracht der geographischen Lage, Autonomie- und Unabhängigkeitsbestrebungen viel langsamer als auf dem übrigen Balkan. Auch war die Abhängigkeit von der Politik des Zarenreiches noch größer als bei den sonstigen Balkanstaaten. Wie in Griechenland war auch hier der Entfaltung der nationalen Bewegung eine Periode wirtschaftlicher Entwicklung vorausgegangen. Nach 1826 wurden die Wolltuchmanufakturen von Plovdiv und Umgebung zu Lieferanten für die osmanische Armee. Aber auch abgesehen von diesem neuen Markt expandierte die frühindustrielle Produktion. Kulturelle Bestrebungen, gingen ebenfalls z.T. der politischen Bewegung voraus. Bulgarische Kaufleute wandten sich gegen die Vorrangstellung der griechischen Sprache, und eine von dem in Istanbul residierenden ökumenischen Patriarchen unabhängige Kirchenorganisation wurde begründet, der sogenannte Exarchat. Die osmanische Politik tolerierte diese mit der „griechischen" rivalisierende Kirche, und die Zugehörigkeit zum Exarchat bildete für die Bulgaren eine Form vornationaler Organisation.

Alle hier behandelten Territorien beherbergten bäuerliche Gesellschaften ohne Fabriken und Industrie im Sinne des 19. Jahrhunderts. Dies bedeutete, daß Rüstungsgüter oft importiert werden mußten. Andererseits dominierten in Griechenland, Serbien und Bulgarien starke Bestrebungen nach Anschluß weiterer Gebiete an die selbständigen „Mutterländer" die politische Landschaft. Da die Herrscher oft fremden Dynastien entstammten, lag es nahe, das Legitimationsdefizit durch die Unterstützung von territorialer Expansion auszugleichen, wobei diese Eroberungsprojekte, besonders im griechischen Fall, nicht selten an englischen Strategien scheiterten. Denn bis in die achtziger Jahre neigte man in englischen Regierungskreisen dazu, auf die Erhaltung des Osmanenstaates als Riegel gegenüber der Expansion des Zarenreiches zu setzen. Kein Balkanstaat betrachtete sich als das, was man in der Diplomatensprache des 19. Jahrhunderts als „saturiert" bezeichnet hätte. Relativ große Armeen wurden unterhalten, die zur hohen Verschuldung und in manchen Fällen gar zum Staatsbankrott nicht unerheblich beitrugen.

Bis etwa 1870 hatten die Balkanfürstentümer insoweit gemeinsame Interessen, als die Territorien, die sie zu erwerben suchten, osmanisch waren und jeweils nur von einer der neuen Balkanmächte beansprucht wurden. Das änderte sich jedoch nach etwa 1870, als rivalisierende Nationalstaaten die Eingliederung von ethnisch gemischten oder nicht eindeutig zuzuordnenden Gebieten verlangten. So hofften die Anhänger der sogenannten Megali Idea („Große Idee") in Griechenland, das gesamte Territorium des vormaligen Byzantinischen Reiches zu erwerben, und die griechische Regierung unter Venizelos versuchte diesen Plan nach dem Ende des Ersten Weltkriegs durch einen Feldzug in Westanatolien zu verwirklichen. Erst das völlige Scheitern dieses Feldzugs 1922 brachte das Projekt in Verruf.

Einen Zankapfel zwischen Bulgarien, Griechenland und Serbien bildete Makedonien, das sich noch in osmanischen Händen befand. Da man annahm, daß die zukünftige Zugehörigkeit des Gebiets durch die Selbstidentifikation der Bewohner entscheidend bestimmt werden würde, betrieben die drei Anrainer jeweils eigene Schulsysteme. Diese vermittelten eine Ausbildung der Kinder im Sinne des jeweiligen Staates. Schlimmer für die Bewohner war der Versuch besonders bulgarischer Freischärler, durch terroristische Aktionen die Bewohner Makedoniens auf ihre Seite zu ziehen. Die Frustration der osmanischen Offiziere über einen langen Guerillakrieg – bei ausbleibender Bezahlung und ohne Heimaturlaub – sollte bei dem Aufstand gegen Sultan Abdülhamid 1908 eine nicht unwichtige Rolle spielen.

Es würde zu weit führen, hier die Kriege, in die das Osmanische Reich zwischen 1803 und 1912 verwickelt war, im einzelnen darzustellen. In allen Fällen war der Erfolg oder Mißerfolg der osmanischen Truppen nur eine der – weniger wichtigen – Variabeln, die den Ausgang bestimmten. Hauptsache war das Bestreben der auf dem Balkan und im Mittelmeergebiet engagierten Großmächte, in diesem strategisch wichtigen Gebiet keinen Rivalen zu mächtig werden zu lassen. Deshalb enthielten die Friedensschlüsse hauptsächlich solche Bestimmungen, auf die sich die betroffenen Großmächte einigen konnten. Die Regierung des Sultans spielte bei all dem nur eine Nebenrolle.

Aber selbst eine bloße Aufzählung der kriegerischen Verwicklungen macht die Belastung deutlich, die sich für die Untertanen des Reiches ergab. Von den ägyptischen Vorstößen 1832 und 1838–40 einmal abgesehen, dauerte der griechische Aufstand die gesamten zwanziger Jahre hindurch. 1827/28 kam es zu einem Krieg mit dem Zarenreich. Kurzfristig erschien es, als sollte das Osmanische Reich zu einem russischen

Protektorat werden. Im Krimkrieg (1853–56) stand der Sultan zwar auf der Seite der Sieger, doch hatte das keine langfristigen Folgen. 1878 stießen die Armeen des Zaren bis in die Vororte der Hauptstadt vor. Der Vertrag von San Stefano/Yeşilköy, dem heutigen Istanbuler Flughafen Yeşilköy, sollte ein großbulgarisches Fürstentum begründen, das ein Vasallenstaat des Zaren in unmittelbarer Nähe der osmanischen Hauptstadt gewesen wäre. Dies war für die übrigen Großmächte unannehmbar; die Revision, die ein stark verkleinertes Bulgarien vorsah, erfolgte auf dem Berliner Kongreß desselben Jahres.

Als gegen Ende des Jahrhunderts ein Krieg zwischen Griechenland und dem Osmanischen Reich ausgefochten wurde, hatte die englische Regierung ihre Opposition gegen die Aufteilung des Reiches aufgegeben. Da jedoch die Osmanen diesen Krieg gewannen, wurden drastische Maßnahmen erst einmal zurückgestellt. Jedoch folgte 1908 eine neue Serie von Verwicklungen, als Österreich-Ungarn die seit 1878 besetzten Provinzen Bosnien und Herzegowina annektierte und damit in Istanbul wie in Belgrad nachhaltige Feindschaften hervorrief. Überdies konnte das Königreich Serbien in dieser Sache auf eine Unterstützung Rußlands rechnen. Diese Gegensätze haben an der Formierung der Bündnisse, in denen die Staaten Europas wenige Jahre später den Ersten Weltkrieg ausfechten sollten, einen nicht unwesentlichen Anteil gehabt.

In sehr vielen Fällen waren die osmanischen Gebietsverluste mit Vertreibungen und Auswanderungen verbunden. Manche Muslime emigrierten in mehr oder weniger geregelter Form. Aber viel häufiger war die Flucht vor Kriegshandlungen und Massakern an der muslimischen Bevölkerung, die geradezu einen festen Bestandteil der Unabhängigkeitskriege auf dem Balkan bildeten. Ganze Völkerschaften wurden zur Auswanderung gezwungen, wie etwa die Tscherkessen nach Annektion ihres Gebiets durch das Zarenreich (1863). Die Flüchtlinge hatten oft ihre gesamte Habe verloren; sie lebten, meist unter erbärmlichen Bedingungen und von Krankheiten dezimiert, in Istanbul, bis ihnen die osmanische Regierung neue Wohnsitze anweisen konnte.

Diese Situation bildet den Hintergrund für die sogenannten Bulgarengreuel. Bei einem bulgarischen Aufstand 1876 waren die in der betroffenen Gegend zahlreich lebenden Muslime massakriert worden. Zur Niederschlagung des Aufstandes setzte die osmanische Regierung irreguläre Truppen ein. Diese Regimenter, die aus vielfach durch Hunger und Vertreibung traumatisierten Tscherkessen bestanden, entglitten mehr und mehr der Kontrolle durch die Zentrale und ermordeten ihrerseits die bulgarische Bevölkerung. Über die Zahl der Opfer gibt es weit auseinandergehende Schätzungen. Englische und amerikanische Quellen vermuteten, daß etwa 12000 bis 15000 Menschen dieser Repression zum Opfer gefallen sind. Das Presseecho dieses Ereignisses hatte einen nicht unbeträchtlichen Anteil daran, daß der englische konservative Premier Disraeli, unter dem Druck der Opposition, sich von seinem früheren Verbündeten, dem Sultan, distanzierte.

Militär- und Staatsumbau (1839–1878)

Im Jahre 1839 wurde ein Gesetz verkündet, das als Tanzimat (Neuordnung) in die Geschichte eingegangen ist. Es versprach allen Untertanen die Sicherheit von Leben, Besitz und Ehre, und regelte damit das Verhältnis des Herrschers zu den staatstragenden Schichten neu. Wurde doch der sklavenähnliche Status aufgehoben, in dem sich osmanische Würdenträger, soweit sie keine Rechts- und Gottesgelehrten (*ulema*) waren, seit dem 15. Jahrhundert dem Sultan gegenüber befanden. 1856 wurde dieser Erlaß durch einen weiteren ergänzt, der zwar den Islam als Staatsreligion beibehielt, aber die Gleichheit aller männlichen Untertanen vor dem Gesetz deklarierte. Mehr als bei dem Vorgängergesetz waren hier die Forderungen der europäischen Großmächte berücksichtigt worden.

1858 brachte eine Neuregelung des Grundbesitzes. Das Obereigentum des Staates an Wiesen und Feldern blieb insofern bestehen, als der Besitzer, der sein Land nicht nutzte, dieses durch Konfiskation verlieren konnte. Aber im übrigen wurde der Besitz von Staatsland (*miri*) weitgehend dem freien Eigentum (*mülk*) angeglichen. Ziel dieser Neuregelung war es, die Vielzahl an Rechten, die zuvor von verschiedenen Personen über ein und dasselbe Stück Land ausgeübt werden konnten, zu reduzieren und damit den Grundstücksmarkt in Bewegung zu bringen. Umgekehrt sollte die freie Verkäuflichkeit von Grund und Boden zur besseren Nutzung beitragen. In diesem Zusammenhang wurde auch dekretiert, daß nur Einzelpersonen als Eigentümer anerkannt werden sollten. Wo es kommunalen Besitz an Land gab, wie etwa in Teilen Syriens oder bei den Nomaden Südostanatoliens, hatte diese Regelung allerdings unerwünschte Folgen. Sozial angesehene Personen etwa eines Stammes ließen das Land auf ihren Namen eintragen, und die übrigen Mitglieder der Gemeinschaft verloren ihre Rechte.

Neuheiten gab es auch in der Administration von Städten und Provinzen. Um etwa 1850 entschied die osmanische Elite, daß die Städte, insbesondere die Hauptstadt Istanbul, einen kräftigen Anschub in Richtung „Modernisierung" brauchten. Zwecks Brandbekämpfung wurden Straßen erweitert und Sackgassen beseitigt. Außerdem bürgerte sich bei der Oberschicht die Kutschenhaltung ein, und diese verlangte ebenfalls breitere Straßen. Auch darf das ästhetische Element nicht außer Acht gelassen werden. Viele hohe osmanische Amtsträger der Tanzimatzeit kannten das Stadtbild des zeitgenössischen Europa aus Paris, und die neobarocken Straßen und Plätze des Baron Haussmann erschienen ihnen wie ein Inbegriff der Modernität.

Für aufwendige Bauten aber besaß der osmanische Staat, gebeutelt durch Kriege und Flüchtlingselend, nicht die Mittel. Man versuchte deshalb, privates Kapital wohlhabender Geschäftsleute, auch ausländischer Staatsangehörigkeit, zu mobilisieren. Zur Koordination dieser Bauprojekte brauchte man eine Stadtverwaltung mit Repräsentanz der örtlichen Notabeln. In der Provinz ergriffen oft auch Gouverneure die Initiative zum Landesausbau. Die Forderungen der mit solchen Aufträgern betrauten ausländischen Firmen waren oft überhöht und ihre Solidität nicht über allen Zweifel erhaben. So waren diese Projekte oft starke Belastungen für die lokalen Finanzen.

Der Sinn der Reformen war es auch, nichtmuslimische Untertanen an die Regierung des Sultans zu binden, indem man den Honoratioren unter ihnen Möglichkeiten der politischen Beteiligung eröffnete. Bei der jüdischen Bevölkerung, die noch zum guten Teil in Saloniki konzentriert war, traf diese Politik durchaus auf Resonanz. Bei den Christen des Balkans war sie dagegen wenig erfolgreich, und wenn die politische Konjunktur ihnen die Wahl ließ, entschieden sich die meisten für die neuen Nationalstaaten.

Herrscher und Bürokratie bis 1908

Seit dem Tode Sultan Mahmuds II. war die innenpolitische Macht auf den Großwesir und seine immer zahlreicheren Untergebenen übergegangen. Dieser Wechsel wurde noch dadurch erleichtert, daß allmählich Fachministerien eingerichtet und die Regeln für Ausbildung und Karriere der Beamten kodifiziert wurden. Die alten Regeln der Beförderung durch Patronage und die bedingungslose Loyalität des so Geförderten zu seinem Beschützer verschwanden zwar nicht, aber ihr Geltungsbereich wurde doch immer mehr eingeschränkt. Dem Großwesir stand somit eine sich modernisierende Bürokratie zur Verfügung, auch wenn die neue Ausbildung, bei der Kenntnisse des Französischen eine Schlüsselrolle spielten, in den einzelnen Ministerien unterschiedlich weit verbreitet waren.

Gegen diese Macht der hohen Bürokraten, die nur einem relativ passiven Herrscher verantwortlich waren, erhob sich eine wortmächtige Opposition in den sogenannten Jungosmanen. Als ihr hervorragendster Vertreter gilt der Dichter Namık Kemal, der eine Verbindung islamischer Werte mit politischer und kultureller Erneuerung predigte. Namık Kemal und seine Freunde werden hier nicht so sehr wegen ihrer Erfolge in der praktischen Politik erwähnt, als wegen der Anregungen, die ihre Ideen dem erst einige Jahrzehnte später entstandenen türkischen Nationalismus geben sollten. Immerhin kam es in der Krise, die auf die Niederlagen von 1876 folgte, kurzfristig zur Annahme einer Verfassung und zur Wahl eines Parlaments. Diese Verfassung legte die Gleichheit aller Untertanen noch einmal verbindlich fest; damit sollten die Versuche der europäischen Großmächte, für ihre christlichen Schützlinge immer neue Privilegien zu erreichen, abgefangen werden. Führender Kopf dieses Unternehmens war Midhat Paşa, der sich als erfolgreicher und neuerungsfreudiger Gouverneur bereits einen Namen gemacht hatte.

Der neue Sultan Murad V. (er regierte für drei Monate im Jahre 1876) galt als den Konstitutionellen wohlgesonnen, aber seine Nerven waren den außen- und innenpolitischen Belastungen des Amtes nicht gewachsen. Nach seiner Absetzung bestieg Abdülhamid II. den Thron (1876–1909), eine der umstrittensten Persönlichkeiten, die je die Sultanswürde innegehabt hatten. Auf dem Gebiet der auswärtigen Politik gelang es diesem Herrscher, die Auflösung des Osmanischen Reiches nochmals um einige Jahrzehnte hinauszuzögern. Innenpolitisch regierte er absolut; der Palast war wieder das Zentrum der Macht. Ein ausgeklügeltes System der gegenseitigen Bespitzelung von aktuellen und potentiellen Amtsträgern sollte den Sultan über die Loyalität seiner Untergebenen, besonders der Gebildeten unter ihnen, unterrichten. Besonders in seinen späteren Lebensjahren überwog die Furcht vor Attentaten, und der Sultan verließ seinen Palast auf den Höhen über Beşiktaş nur noch selten.

Daß Abdülhamid bei der Legitimierung seines Staates verstärkt islamische Motive benutzte, brachte ihm bei der muslimischen Bevölkerung große Sympathien ein. Aber auch außenpolitisch brachte diese Politik einige Dividenden: So sahen etwa die indischen Muslime in dem Kalifen, wie sich Abdülhamid gern nennen ließ, eine Quelle zumindest moralischer Unterstützung gegenüber englischer Kolonialmacht und hinduistischer Bevölkerungsmehrheit.

Abdülhamid stellte sich auf die neue Lage auch dadurch ein, daß er seine arabischen Untertanen, die jetzt einen viel größeren Anteil an der Bevölkerung ausmachten als vor den Verlusten auf dem Balkan, verstärkt in das osmanische Staatswesen zu integrieren versuchte. So wurden Söhne von arabischen

Würdenträgern dazu ermutigt, die sultanische Verwaltungsschule zu absolvieren und damit in die neuen bürokratischen Karrieren einzutreten. Auch die Kadettenausbildung stand ihnen offen. In Ostanatolien setzte der Sultan eher auf das Prinzip „teile und herrsche", indem er die Gegensätze zwischen Armeniern und Kurden auszunützen versuchte. Besonders die aus kurdischen irregulären Soldaten bestehenden Hamidiye-Regimenter, die bei nationalistischen Unruhen der Armenier eingesetzt wurden, trugen zur Vertiefung der Gegensätze bei.

Die Balkankriege und der Erste Weltkrieg (1912–1918)

Die Zeitspanne, die auf die Wiedereinführung der Verfassung (1908) folgte, brachte eine rasche Folge von außenpolitischen Krisen; die Hoffnungen auf Liberalisierung und inneren Frieden, die viele Muslime wie Nichtmuslime gehegt hatten, zerstoben daher sehr schnell. Auch die Zensur, 1908 kurzfristig aufgehoben, wurde wieder eingeführt. 1911 besetzte Italien Tripolis, und auf den mehrere Monate währenden Krieg, den dieses Ereignis auslöste, folgte ein Angriff einer Koalition von Griechenland, Serbien und Bulgarien (1912). Die verbündeten Armeen eroberten Edirne und standen nur wenige Kilometer von der Hauptstadt entfernt. Da die drei Balkanstaaten sich aber über die Aufteilung der makedonischen Beute nicht einig werden konnten, kam es 1913 zum Krieg; dieser erlaubte es der osmanischen Armee, Edirne zurückzuerobern. Auch die mehrheitlich muslimischen Albaner hatten 1913 die angestrebte Eigenstaatlichkeit erreicht; damit war bereits vor dem Beginn des Weltkriegs das Osmanische Reich in Europa weitgehend auf die Grenzen der heutigen Türkei zurückgeworfen.

Die osmanische Regierung, die nach einem kurzfristigen Machtwechsel seit 1913 wieder aus Mitgliedern des Komitees für Einheit und Fortschritt bestand, entschied sich bereits im August 1914 für ein Zusammengehen mit den Mittelmächten. Ein wichtiger Grund war zweifellos die Gegnerschaft zu Rußland, dessen Regierung eine Kontrolle der Meerengen anstrebte. Einen Krieg mit England hätte die Istanbuler Regierung

98

gern vermieden, aber die Bestrebungen, ein englisches Bündnis abzuschließen, waren, ebenso wie übrigens Sondierungen in Bezug auf Rußland, erfolglos geblieben. Zugleich fürchtete man, daß Neutralität den Osmanenstaat in eine gefährliche Isolation treiben würde.

Andererseits war das ebenfalls isolierte Deutsche Reich bereits in den Vorkriegsjahren in aggressiver Weise bestrebt, im Osmanischen Reich wirtschaftlich Fuß zu fassen und auch militärisch Einfluß auszuüben. Die Bestellung des deutschen Generals Liman von Sanders zum Generalinspekteur des osmanischen Heeres ist in diesen Zusammenhang einzuordnen (1913). Unter den wirtschaftlichen Projekten ist die Bagdadbahn wohl das bekannteste; die Anlage dieser Bahnlinie, an der 1914 noch größere Strecken fehlten, hatte zu ernsten Konflikten zwischen England und dem Deutschen Reich Anlaß gegeben. Im Laufe des Krieges mußte das Osmanische Reich große Anleihen auf dem deutschen Kapitalmarkt aufnehmen. Firmen, die an einer wirtschaftlichen Einflußnahme interessiert waren, plädierten dafür, als Garantie für die Rückzahlung Konzessionen an Bergwerken und anderen gewinnbringenden Objekten zu verlangen. Nur weil die beiden Reiche zu den Verlierern des Krieges gehörten, blieben diese Forderungen politisch unwirksam.

Ein Feldzug gegen die russischen Armeen im Kaukasus, unzureichend vorbereitet, endete mit dem Verlust der meisten osmanischen Truppen während des eisigen ostanatolischen Winters (Sarıkamış 1914). In Ostanatolien kam es während dieser Kampagne zum Bürgerkrieg zwischen Armeniern und Muslimen; ein armenischer Aufstand in Van (1915) ermöglichte die russische Besetzung der Stadt. Die osmanische Regierung reagierte mit der Zwangsumsiedlung der armenischen Bevölkerung nach Nordirak: Die Verbannten, die keineswegs alle aus den von dem Aufstand betroffenen Gebieten kamen, wurden kaum versorgt, unterwegs von irregulären Truppen angegriffen und gegen solche Angriffe von den Regierungstruppen nicht geschützt. Zudem gab es an den Verbannungsorten keine Existenzmöglichkeiten, so daß ein großer Teil derjenigen, die ihren Bestimmungsort erreichten, durch Hunger und Seuchen umkam. Die Zahl der Toten kann nicht mehr genau bestimmt werden, muß aber erschreckend hoch gewesen sein. Auch bei der muslimischen Bevölkerung Ostanatoliens waren die Verluste sehr hoch.

An der westlichen Front gelang es den Osmanen, einen Invasionsversuch von Commonwealth-Truppen an den Dardanellen zurückzuschlagen. Ägypten, schon seit 1882 von den Engländern besetzt, wurde 1914 dem britischen Kolonialreich einverleibt; ein osmanischer Angriff auf den Suezkanal blieb erfolglos. Aber im Irak konnten sich osmanische Truppen behaupten (Kut-al-Imara 1916). Trotz der Bemühungen des englischen Agenten T. E. Lawrence („Lawrence of Arabia") hielt sich die osmanische Garnison in Medina bis 1918. So waren die osmanischen Truppen fast nur in der Defensive erfolgreich. Aber durch diese Erfolge blieben die Meerengen für die Ententestaaten gesperrt, und eine Vereinigung russischer und englischer Truppen im östlichen Mittelmeerbereich kam nicht zustande.

Als im Lauf des Jahres 1917 die russischen Fronten, u. a. im Kaukasus, zusammenbrachen, ergaben sich für osmanische Politiker und Militärs neue Perspektiven. Zunächst bildete sich ein Transkaukasien genannter neuer Staat, der aber bald in die drei Republiken Georgien, Armenien und Aserbeidschan auseinanderfiel. Im Herbst 1917 waren durch die Oktoberrevolution die Bolschewiki in Rußland an die Macht gekommen; die Politiker des Deutschen Reiches profitierten von der schwierigen Lage der neuen Regierung, indem sie den Frieden von Brest-Litowsk erzwangen (Winter 1918). Dieser schloß auch das Osmanische Reich mit ein, dem es die 1878 von den Zaren eroberten Provinzen Kars, Ardahan und Batum (ohne die Stadt) zurückgab. Wie nach ihnen die Engländer, stießen osmanische Truppen in Richtung auf die Erdölquellen Bakus vor. Außerdem führten die Osmanen 1918 Krieg gegen die Republik Armenien. 1920 einigte sich dann die (noch informelle) Regierung Mustafa Kemals, die sich inzwischen in der Provinzstadt Ankara gebildet hatte, mit den Bolschewiki. Der Türkei blieben die drei wiedererworbenen Provinzen, während die

100

Sowjetunion in die Lage versetzt wurde, in den drei Kaukasusstaaten den Bolschewiki geneigte Regimes an die Macht zu bringen.

An der syrischen Front hingegen zeichneten sich Ende 1917 ernste Probleme ab. Mit der Einnahme Jerusalems (Dezember 1917) durch den englischen General Allenby begann ein langsamer Rückzug der Osmanen, der ein Jahr später mit der britischen Eroberung Syriens zum Abschluß kam. Daß zu dieser Zeit auch das Deutsche Reich und Österreich-Ungarn den Kampf aufgaben, machte die Kapitulation der osmanischen Armeen unvermeidlich. Der Frieden von Sèvres (1920) sah eine weitgehende Aufteilung auch Anatoliens unter den Siegerstaaten vor, von der besonders Griechenland zu profitieren suchte (Invasion 1919–22). Der Kampf türkischer Streitkräfte unter dem Kommando des Generals Mustafa Kemal (später: Atatürk) erzwang die Revision dieses Vertrags, und der Frieden von Lausanne brachte die Anerkennung der neuen Republik Türkei auf internationaler Ebene (1923). Aber das ist eine andere Geschichte ...

Politik und Überleben auf dem Lande

Der Rückzug der Osmanen aus den vormaligen Balkanprovinzen im Verlauf des 19. Jahrhunderts hatte seine Auswirkungen auf die Bauern und Nomaden Anatoliens. Zum einen mußten für Vertriebene und Emigranten neue Lebensmöglichkeiten geschaffen werden. Zum anderen wurde es immer nötiger, die Versorgung Istanbuls mit Getreide, die in älteren Zeiten weitgehend von den küstennahen Regionen des heutigen Bulgariens geleistet worden war, auf Anatolien umzustellen. Nun gab es in Zentralanatolien durchaus landwirtschaftlich nutzbare Flächen, die wenig besiedelt waren und fast nur von Nomaden genutzt wurden. Aber letztere reagierten sehr negativ auf die Beschneidung ihrer hergebrachten Weidegründe, so daß nicht wenige Siedler die ihnen zugewiesenen Gebiete bald wieder verließen. Andere reagierten offensiv, besonders die Tscherkessen mit ihrer von den herkömmlichen Normen Anatoliens abweichenden Sozialstruktur bei allgemeiner Bewaffnung; diese Situation mag die osmanische Regierung dazu veranlaßt haben, einem Teil der Tscherkessen in den damals sehr dünn besiedelten Steppen des heutigen Jordaniens Land zuzuweisen. Auch in Südostanatolien dienten größere Siedlungsprojekte dazu, mehr landwirtschaftliche Produkte für den Binnen- wie für den Außenmarkt bereitzustellen; diese Siedlungsoffensiven erfaßten jetzt größere Zahlen von Nomaden oder Halbnomaden und gingen mit massivem Eingreifen der Staatsgewalt einher. In den Erzählungen Yaşar Kemals haben diese traumatischen Ereignisse ihren Niederschlag gefunden. Trotz alledem war besonders die zweite Hälfte des 19. Jahrhunderts eine Zeit des Landesausbaus in Anatolien, in der seit etwa 1600 verlassene Dorfwüstungen neu besiedelt und ehemalige Sommerweiden zu permanenten Siedlungen umgestaltet wurden. Auch die lokalen Verwaltungszentren, die für diese Unternehmungen nötig waren, wurden vielfach erst in dieser Zeit gegründet.

Da nur die wenigsten Gewässer Anatoliens schiffbar sind, rentierte sich die Landwirtschaft nur dann, wenn preisgünstige Zugverbindungen zur Verfügung standen. Gleisanlagen wurden meist von ausländischen Gesellschaften gebaut, die an Stichbahnen zu Küstenhäfen, weniger aber an einem wirklichen Eisenbahnnetz interessiert waren und deren finanzielle Forderungen den Staatshaushalt belasteten. Für die osmanische Regierung spielten oftmals militärische Gesichtspunkte eine mindestens ebenso große Rolle wie wirtschaftliche; so wurde ein Netz von Bahnverbindungen erst in den frühen Jahren der Republik Türkei geschaffen. Trotzdem war es für die Landwirtschaft Nordwestanatoliens wichtig, daß die Eisenbahn 1892 Ankara erreichte. Zubringerdienste wurden von Bauernkarren, aber auch von Kamelen geleistet, so daß auf der ersten Stufe des Eisenbahntransportes die wirtschaftliche Bedeutung dieser Tiere nicht ab- sondern zunahm.

Bei alledem blieb Anatolien ein Land der Kleinbauern; größeren Landbesitz (*çiftlik*), von Lohnarbeitern bewirtschaftet, gab es im Ägäisgebiet wie in der Region von Adana, wo Baumwolle für den Weltmarkt angebaut wurde, außerdem im weniger kommerziell orientierten Südosten. Neben den Kaufleuten, die Land erwarben, um ihr Geschäft abzusichern, gab es auch Familien, die seit dem 17. bzw. 18. Jahrhundert als Steuerpächter und lokale Magnaten in der jeweiligen Region einflußreich gewesen waren. Manche dieser alteingesessenen Familien hatten bereits im 17. oder 18. Jahrhundert auf mehr oder weniger legalem Wege Land erworben, das sie von Teilpächtern bewirtschaften ließen. Auch auf dem Balkan, besonders an der bulgarischen Schwarzmeerküste und in Makedonien, war solch größerer Landbesitz verbreitet; 1849–50 rebellierten etwa in der Gegend des heute bulgarischen Vidin Bauern gegen die Großgrundbesitzer ihrer Region. Allerdings ist im Zuge der Kombination von nationalen wie sozialen Argumenten gegen die osmanische Herrschaft, wie sie in der Historiographie der Balkanländer nach 1945 üblich wurde, die zahlenmäßige Verbreitung und die wirtschaftliche Bedeutung dieser Besitzungen oft überschätzt worden. In Syrien und Südostanatolien war die Entstehung von Großgrundbesitz oftmals eine Folge der Reorganisation von Eigentumsrechten durch das Gesetz von 1858.

Nach wie vor blieb die anatolische Landwirtschaft krisenanfällig, besonders wenn der Regen ausblieb. Dies geschah etwa in Zentralanatolien 1873/74, als schätzungsweise 250000 Menschen und eine große Zahl von Rindern und Schafen einer Hungersnot zum Opfer fielen. Auffallend ist, daß jedenfalls an manchen Orten die Zahl der Toten viel höher war als die Zahl derjenigen, von denen man annehmen durfte, daß sie geflüchtet waren. Dabei hatte sich die Dürrekatastrophe bereits einige Jahre früher durch andauernde unterdurchschnittliche Regenfälle angekündigt. Mangelnde Verkehrsverbindungen hatten an der Katastrophe einen entscheidenden Anteil, aber vielleicht hatte sich auch das relativ große Desinteresse der Regierung an einer abgelegenen Region nachteilig ausgewirkt.

Die osmanischen Produzenten
und die kapitalistische Weltwirtschaft

Über die wirtschaftlichen Auswirkungen der Unabhängigkeitsbewegungen auf dem Balkan wird neuerdings wieder ernsthaft
debattiert. Bis vor wenigen Jahren war es allgemein anerkannt,
daß trotz aller Schwächen die neuen Balkanfürstentümer jeweils bedeutende Modernisierungsprojekte durchgeführt hatten. Aber eine neue Forschungsarbeit hat dies für den wirtschaftlichen Sektor ausdrücklich bestritten.[28] Demnach war
das Osmanische Reich nach der Befriedung durch Mahmud II.
schon deswegen dem Wachstum einer Protoindustrie relativ
günstig, weil die Provinzen ihre Steuern in Geld an die Zentrale
zahlten und deshalb durch den Verkauf von Waren ihren Geld-
bestand wieder auffüllen mußten. Mit der Unabhängigkeit änderte sich die Lage; der Markt verengte sich stark, Landbesitz
war jetzt leichter zu erwerben, und viele Bauern kehrten zur
Subsistenzwirtschaft zurück. Gegen dieses Argument ließe sich
allerdings einwenden, daß die neuen Nationalstaaten ihren
Bauern höhere Steuern abverlangten, als es der Sultan getan
hatte, und daß es vor allem schwieriger wurde, sich der Bezahlung zu entziehen. Doch zeigt der Niedergang der Städte in
vielen autonomen oder unabhängigen Balkanfürstentümern,
daß wirtschaftliche und soziale Entwicklung keineswegs eine
automatische Folge der Unabhängigkeit gewesen ist.

Europäische Beobachter, die um die Mitte des 19. Jahrhunderts über osmanische Gewerbe berichten, zeichnen durchwegs
ein sehr düsteres Bild. Der Import europäischer, insbesondere
englischer Fabrikware nahm den Textilherstellern die Kundschaft, zumal das Zollregime Importwaren geradezu begün-
stigte. Bezahlten doch europäische Importeure nur einen mä-
ßigen Einfuhrzoll, der durch Verträge festgelegt war. Diese Verträge, Kapitulationen genannt, nahmen übrigens auch sonst
der Regierung des Sultans die Handlungsfreiheit in wirtschaftlichen Angelegenheiten.

Aber neuere Arbeiten haben nachgewiesen, daß das Gesamt-
bild des osmanischen Gewerbes doch differenzierter war, als es

104

auf den ersten Blick erscheinen könnte. Viele Produzenten paßten sich an. So wurden etwa importierte Fabrikgarne zu Stoffen gewebt, die den Bedürfnissen des jeweiligen örtlichen Marktes besonders gut angepaßt waren. Allerdings zahlten die neuen Industrien oft Niedriglöhne. In einigen Fällen kam es zur Maschinenstürmerei, wie etwa im Teppichgewerbe Westanatoliens. Es ist durchaus möglich, daß die osmanische Gesamtproduktion im gewerblichen Bereich um 1890 nicht geringer war als ein Jahrhundert zuvor. Doch war diese Produktion jetzt eingebunden in den europäisch dominierten Weltmarkt, und in vielen Gewerbezweigen waren größere Mengen von fremdem Kapital investiert.

Aber zum größten Teil resultierte die Verschuldung des osmanischen Staates aus den Anleihen, mit denen die Regierung seit dem Krimkrieg die Modernisierung der Armee bezahlen wollte. Auch die Profitgarantien, die die Investoren in Eisenbahnlinien verlangten, belasteten das Budget. Für diese Anleihen wurden hohe Zinsen gezahlt, und die Anhäufung der Schulden führte zu einem Staatsbankrott. Seit 1881 verwaltete ein Konsortium europäischer Geldgeber, in der sogenannten *Dette ottomane* zusammengeschlossen, wichtige osmanische Staatseinnahmen. Obwohl das Osmanische Reich niemals einem europäischen Kolonialreich zugeschlagen wurde, hatte gegen Ende des Jahrhunderts die Abhängigkeit erhebliche Ausmaße angenommen.

Nationalismus bei Türken und Nichttürken

Im 19. Jahrhundert propagierten die osmanischen Eliten zunächst eine Loyalität gegenüber Staat und Dynastie jenseits von ethnischen und konfessionellen Gegensätzen. Spätestens 1878 war jedoch offenkundig geworden, daß zumindest auf dem Balkan diese Ideologie völlig unwirksam war. In den folgenden Jahrzehnten hatte Sultan Abdülhamid versucht, durch Betonung islamischer Solidarität das Reich zusammenzuhalten. Erst in der Opposition gegen sein neoabsolutistisches Regime erscheint zum ersten Mal das Motiv des türkischen

Nationalismus. Der wirtschaftliche Aspekt war hier von besonderer Bedeutung: Die Handelsbourgeoisie in den osmanischen Zentralprovinzen bestand zu einem guten Teil aus Griechen und Armeniern, deren nationalistische Bestrebungen gegen die territoriale Integrität des Osmanischen Reiches gerichtet waren. Dieser „fremden" Bourgeoisie sollte eine türkisch-muslimische entgegengesetzt werden, die mit Hilfe des Staatsapparats erst zu schaffen war. Diese Politik richtete sich auch gegen die Integration in die europäische Weltwirtschaft, als deren Handlanger man die christlichen Kaufleute betrachtete. Zunächst sollten die die Entscheidungsfreiheit des Osmanenstaates hemmenden Sonderrechte der Ausländer beseitigt werden; dieses Ziel wurde während des Ersten Weltkriegs erreicht. Jedoch sollte die Schaffung einer muslimischen Bourgeoisie mit staatlicher Hilfe erst in der republikanischen Periode (nach 1923) zum Tragen kommen.

Organisatorisch fand sich die Opposition gegen Abdülhamid im sogenannten Komitee für Einheit und Fortschritt zusammen. Dies war ein loser Zusammenschluß verschiedener Gruppen. Doch verband die Anhänger der auch als Jungtürken bekannten Opposition eine grundsätzlich säkulare Weltsicht. Viele intellektuell gestimmte Anhänger waren vom Materialismus Ludwig Büchners nachhaltig geprägt. Auch Léon Cahuns Schriften über die Türken wurden gelesen; in späterer Zeit wurde für viele Anhänger der Bewegung der in Europa damals populäre Rassismus bestimmend. Neben der säkularen Weltsicht einte die Opposition auch die Forderung nach Wiederherstellung der Verfassung von 1876. Trotz der zahlreichen Vollmachten, die diese dem Sultan beließ, bedeutete der Coup, der 1908 den Herrscher zur Wiedereinführung der Verfassung zwang, den Übergang zur konstitutionellen Monarchie. Der neue Sultan Mehmed V. Reşat, der 1909 auf den abgesetzten Abdülhamid folgte, konnte wenig mehr tun, als die Vorlagen seines Ministerrates zu unterschreiben.

Der offene Nationalismus der Jungtürken führte dazu, daß nationale Bewegungen auch unter denjenigen Völkern an Boden gewannen, denen sie vorher fremd gewesen waren. Dies trifft etwa auf viele syrische Araber zu; führte doch die Bevorzugung türkischer Kandidaten etwa für Beamtenpositionen zu nachhaltigen Ressentiments. Im weitgehend muslimischen Albanien war die Möglichkeit, daß von Albanern bewohnte Territorien den neuen christlichen Nationalstaaten zugeschlagen werden könnten, ein bedeutsamer Faktor im Entstehen eines albanischen Nationalismus.

Presse, Theater und Photographie

In der Hauptstadt, und in geringerem Maße auch in großen Provinzstädten wie Izmir oder Saloniki, brachte die zweite Hälfte des 19. Jahrhunderts Neuerungen im Bereich der Literatur und der bildenden Künste. Vor und nach der Jahrhundertwende etablierte sich zusehends eine Presselandschaft mit zunehmender Spezialisierung einzelner Zeitschriften auf gewisse Fachgebiete. So konzentrierte sich eine Zeitschrift, die zunächst für eine allgemeine Leserschaft gedacht war, immer mehr auf die Musikkritik. Dies war natürlich nur möglich, weil öffentliche Konzerte und Opernaufführungen zu dieser Zeit bereits einen integrierenden Teil des Istanbuler Kulturlebens bildeten.

Die Verbreitung von Zeitungen und Zeitschriften wurde nicht nur durch die Zensur, sondern auch durch die schlechten Transportverhältnisse behindert. Bis eine Publikation in der Provinz angekommen war, waren die Nachrichten, die sie enthielt, nicht selten veraltet. Viele Leser lasen ihre Zeitungen in den Kaffeehäusern. Dies erlaubte zwar auch Männern mit bescheidenem Geldbeutel die Zeitungslektüre, begrenzte aber die Zahl der potentiellen Käufer. Trotzdem erlaubte das Zeitungsgeschäft es manchen Istanbuler Unternehmern, sich als Verleger zu etablieren; denn von Schulbüchern einmal abgesehen, war der Markt für gedruckte Bücher recht eng. Schon aus ästhetischen Gründen bevorzugten viele Bücherliebhaber des 19. Jahrhunderts noch das handgeschriebene Manuskript.

Im Istanbuler Buchwesen spielten Armenier, die das Osmanische als geläufige Zweit- und manchmal auch als Muttersprache benutzten, eine beachtliche Rolle. So publizierte 1851 Vartan Paşa, wie sein Titel anzeigt, ein hoher Beamter, den ersten heute bekannten osmanischen Roman, eine Variation des Romeo-und-Julia-Motivs; die Geschichte spielte unter Istanbuler Armeniern, die aus konfessionellen Gründen miteinander verfeindet waren. Armenische Theaterleute hatten einen wichtigen Anteil an der Entwicklung des osmanischen Dramas, das in der zweiten Jahrhunderthälfte zunehmend Freunde gewann. Da türkische Schauspielerinnen erst nach Ausrufung der Republik aktiv werden konnten, wurden vor dem Weltkrieg alle Frauenrollen, in osmanischen wie auch in aus europäischen Sprachen übersetzten Stücken, von Armenierinnen übernommen. Der Impresario Güllü Agop, der das Theater leitete, das 1870–80 die Stücke von Namık Kemal und anderen Größen der zeitgenössischen osmanischen Literatur vorstellte, hatte für eine Ausbildung in korrekter osmanischer Aussprache wie auch für eine Dramaturgiekommission gesorgt.

Bei der frühen Photographie war der Anteil von Ausländern wie Mitgliedern der christlichen Minderheiten zunächst ebenfalls groß. Unter ihnen gab es bedeutende Namen, etwa Pascal Sébah, ursprünglich aus dem Libanon, der auf internationalen Ausstellungen in Wien und Paris mehrere Preise gewann, oder das Atelier der Armenier Abdullah Frères. Doch bald kamen osmanische Offiziere und vormalige Offiziere hinzu, die die Möglichkeiten der Photographie in der Artillerieausbildung kennengelernt hatten. Sultan Abdülhamid wurde bald zu einem enthusiastischen Förderer. So gab er aufwendige Alben in Auftrag, die besonders die „modernen" Seiten osmanischen Lebens dokumentieren sollten: Schulen, Krankenhäuser, Fabriken und natürlich das allgegenwärtige Militär. Mitglieder der osmanischen Oberschicht begeisterten sich für die Visitenkarten mit Portraits, die Ende des 19. Jahrhunderts modern wurden und heute eine hochgeschätzte Quelle für Sozialhistoriker bilden.

Erziehung und Ausbildung „neuen Stils"

Eine osmanische Universität begann erst im Jahre 1900 kontinuierlich zu funktionieren. Frühere Anläufe waren nicht nur an mangelnden Lehrkräften und Büchern gescheitert, sondern auch an dem Mißtrauen vieler Mitglieder der Oberschicht gegenüber potentiell regierungsfeindlichen Studenten. Dafür wurden schon seit dem späten 18. Jahrhundert Schulen gegründet, die der Ausbildung von Militärs und zunehmend auch zivilen Amtsträgern dienen sollten. Besonders bekannt, auch für ihre allgemeinbildenden Funktionen und ihre Verlagstätigkeit, war die Ingenieurschule der Landarmee. Unter den zivilen Einrichtungen war vor allem die schon erwähnte Verwaltungsschule von Bedeutung. Auch schickte man seit der Tanzimatszeit Studenten zur Ausbildung nach Frankreich und Belgien, wenn auch die osmanischen Behörden immer besorgt waren, daß die jungen Leute dort mit politisch radikalen Ideen in Berührung kommen könnten.

Bis in die zweite Hälfte des 19. Jahrhunderts war jedoch für die Vorbildung, die die Schüler dieser Ausbildungsstätten mitbringen mußten, nur unzureichend gesorgt. Seit 1867 funktionierte eine noch heute bestehende Eliteschule nach den Lehrplänen des französischen Lycée. Hier wurde auf französisch unterrichtet, und namhafte Personen des damaligen literarischen Lebens zählten zu den Lehrkräften. Die Schule stand Mitgliedern aller Konfessionen offen. Aber die große Mehrheit derer, die eine Grundausbildung anstrebten, war auf religiöskonfessionelle Schulen sowie Privatunterricht angewiesen. Dabei war den Schülern der christlichen und jüdischen Minderheiten oft der Zugang relativ leicht gemacht: denn neben die von Griechisch-Orthodoxen oder gregorianischen Armeniern eingerichteten Schulen traten katholische und evangelische Missionen. Was die Juden anbelangte, so vermittelten die Schulen der in Frankreich beheimateten Alliance Israélite Universelle ein modernes, stark an wirtschaftlichen Erfordernissen orientiertes Lehrprogramm.

In der Epoche Abdülhamids wurden auch die staatlichen

muslimischen Grund- und Mittelschulen gefördert, wenn auch ihre Zahl, besonders in der Provinz, oft noch gering war. In den Anfangsklassen stand der Religionsunterricht stark im Vordergrund. Dadurch sollten, ähnlich wie im Europa der „Heiligen Allianz" Metternichs, die Schüler zur Frömmigkeit gegenüber „Religion und Staat", wie es in osmanischer Terminologie hieß, erzogen werden. In weitgehend schiitischen Provinzen wie dem Irak diente die staatliche Bildungsförderung auch dazu, den sunnitischen Islam zu verbreiten; dergleichen Aktivitäten waren deutlich an den christlichen Missionen orientiert, denen Abdülhamid sonst mit großem Mißtrauen gegenüberstand. Lehrerbildungsseminare vervollständigten das schulische Angebot.

Frauenkultur

Es gehörte lange Zeit zu den Axiomen der Historiker der modernen Türkei, daß die politischen Rechte und der größere Zugang zu Ausbildungsmöglichkeiten, deren sich türkische Frauen seit den dreißiger Jahren dieses Jahrhunderts zunehmend erfreuen, von den Frauen selbst nicht erkämpft, ja nicht einmal verlangt worden sind. Doch hat die feministisch inspirierte Geschichtsschreibung der letzten zwanzig Jahre gezeigt, daß dies eine unzulässige Vereinfachung ist. In Istanbul und einigen größeren Städten, u. a. auch in Syrien, existierten zu Ende des 19. und zu Beginn des 20. Jahrhunderts sehr wohl Gruppen von Frauen, die eine bessere Ausbildung der Mädchen propagierten. Dabei wurden sie unterstützt von Männern, die auch nicht selten Beiträge zu Frauenzeitschriften schrieben, meist im Rahmen eines nationalistischen Engagements.[29] Im nationalistischen Diskurs der Türken galten nämlich unwissende Frauen nicht als geeignete „Mütter der Nation". Ebenfalls nicht unwichtig war die Tatsache, daß immer mehr gebildete Männer ein Minimum von Schulung bei ihren Frauen erwarteten. Das weitverbreitete Zusammenspiel mit männlichen „Bundesgenossen" erklärt, warum Frauen, wenn sie bessere Möglichkeiten der Ausbildung verlangten, das Wohl der

110

kommenden Generation, und nicht etwa ihr eigenes, in den Vordergrund stellten.

Ein Betätigungsfeld, das einigen gebildeten Frauen offenstand, war die Publizistik. Fatma Aliye (1862–1936), Tochter des Großwesirs Ahmed Cevdet Paşa, verband eine eher traditionelle Ehe mit einer erfolgreichen Tätigkeit als Journalistin und Autorin populärer Romane. Halide Edib (späterer Nachname: Adıvar, 1884–1964) schrieb auch heute noch viel gelesene Erzählungen und Reportagen. Sie betätigte sich nach dem Zusammenbruch der osmanischen Armee 1918 als politische Rednerin im von den Alliierten besetzten Istanbul und wurde, wie es auf ihrem Denkmal heißt, zur weiblichen Symbolfigur des türkischen Unabhängigkeitskampfes. Sabiha (späterer Nachname: Sertel, 1895–1968) schrieb bereits als Schülerin für Zeitungen und hatte ihren Mann durch die gemeinsame journalistische Tätigkeit kennengelernt; das Ehepaar wurde nach seiner Übersiedlung von Saloniki nach Istanbul zu bekannten Figuren der frührepublikanischen Presselandschaft.

Andere Frauen der osmanischen Oberschicht sammelten erste Erfahrungen im öffentlichen Bereich durch die Beteiligung an karitativen Organisationen, u.a. im Roten Halbmond (Hilal-ı Ahmer, dem Gegenstück des Roten Kreuzes), besonders während des Ersten Weltkriegs. Daß Mädchenschulen von weiblichen Lehrkräften geführt werden sollten, ermöglichte manchen Frauen die Tätigkeit als Lehrerin; leider ist dieser Bereich viel weniger gut erforscht als die Publizistik. Sicherlich war die öffentliche Betätigung in der spätosmanischen Epoche weitgehend eine Sache von Frauen der zahlenmäßig sehr kleinen Oberschicht. Aber deren Vorbildfunktion ist für heutige Frauen von nicht unbeträchtlicher Bedeutung.

Nachwort:
Das Osmanische Reich und die Republik Türkei

Zur Ideologie der Republik Türkei, besonders in ihrer frühen Phase, gehörte die Behauptung eines radikalen Bruches mit der Vergangenheit. Die Verlegung der Hauptstadt in den kleinen Provinzort Ankara, die Ausrufung der Republik (beides 1923) oder der Übergang zum lateinischen Alphabet (1928) sollten, abgesehen von praktischen Erwägungen, diesen Bruch augenfällig machen. Auch eine gesteigerte Unabhängigkeit innerhalb des kapitalistischen Weltsystems wurde angestrebt. Es gelang, die Schulden, die aus dem „Nachlaß" des Osmanischen Reiches übernommen werden mußten, relativ schnell abzuzahlen. Seit den dreißiger Jahren wurde auch eine Industrialisierung unter staatskapitalistischen Vorzeichen angestrebt. Die frühe Republik präsentierte sich als ein Gegenbild der Sultansherrschaft.

Spätestens während des Zweiten Weltkriegs setzte sich jedoch bei einflußreichen türkischen Historikern eine andere Einschätzung der Osmanen durch. Man begann, die Kriegstaten der frühen Sultane als Aktivposten für das eigene, wegen seiner Neuheit legitimationsbedürftige Staatswesen zu vereinnahmen. Auch die höfische Kultur des 16. Jahrhunderts mit ihren architektonischen Glanzleistungen ließ sich in dieser Weise interpretieren. In der öffentlichen Meinung ist die Identifikation mit einer als ruhmreich betrachteten Geschichte bis heute weit verbreitet. Dabei hat die Nostalgiekultur bewirkt, daß auch das bis etwa 1980 wenig geschätzte 19. Jahrhundert jetzt das Interesse von Lesern und Ausstellungsbesuchern erregt. Bei Historikern, die diesen Trend zur emotionalen Besetzung der Geschichte nicht mitmachen wollen, ist es heute ebenfalls üblich, die Kontinuitäten zwischen dem späten Osmanischen Reich und der frühen Republik zu betonen. Das kann geschehen, indem man die große Zäsur zwischen der „alten" und der „neuen" Gesellschaft spät ansetzt, etwa mit dem Wahlsieg der Opposition 1950. Dabei betonen die Historiker gern die personale Kontinuität zwischen der politisch aktiven Schicht der spätosmanischen (d. h. jungtürkischen) Epoche und derjenigen, die die Gründungsjahre der Republik bestimmte.

Auch die Verarbeitung osmanischer politischer und kultureller Traditionen in den zahlreichen Nachfolgestaaten des Reiches ist zum Forschungsthema geworden. In manchen Staaten der arabischen Welt, etwa in Syrien, spielten Familien, die im 18. oder 19. Jahrhundert prominent gewesen waren, auch in der Zeit der französischen Mandatsherrschaft nach 1920 und sogar in dem nach dem zweiten Weltkrieg entstandenen unabhängigen Staat eine gewisse Rolle. In Tunesien, das schon seit dem frühen 18. Jahrhundert von relativ unabhängigen Statthaltern regiert wurde, blieb die politische und kulturelle Verbindung mit Istanbul bestehen und war gerade in der französischen Kolonialperiode von identitätsstiftender Bedeutung. Was die Haltung zur osmanischen Vergangenheit unter arabischen Historikern anbelangt, geht es um den Widerstreit zwischen zwei Grundhaltungen. Die eine begreift den eigenen Staat als Nationalstaat, der sich erst *gegen* das Osmanische Reich durchsetzen konnte. Für die entgegengesetzte Auffassung ist es von Bedeutung, daß die osmanische Herrschaft, zumindest in ihren ersten Jahrhunderten, vielen Regionen der arabischen Welt wirtschaftliche und politische Vorteile gebracht hat, nicht zuletzt durch den Schutz der islamischen Welt gegen das europäische Vordringen.

In Ost- und Südost-Europa liegen die Dinge anders. In Griechenland oder Bulgarien hat sich die osmanische Alltagskultur hauptsächlich in den Namen von Speisen, Geräten und anderen Artikeln des täglichen Bedarfs erhalten. In der heutigen Ukraine und Moldavien erinnern noch Ortsnamen wie Balaklava (Balıklagu, d. h. Platz, wo Fische gefangen werden) oder Taraklija (Kamm-Dorf bzw. -Stadt) an die osmanische bzw. tatarische Herrschaft. Aber sonst erscheint die osmanische Präsenz als ein Teil der historischen Erinnerung und nicht so sehr als ein für die Gegenwart direkt relevantes Phänomen.

Dieses Verschwinden osmanischer Kulturelemente ist darauf zurückzuführen, daß etwa in Bulgarien oder Griechenland,

113

nachdem der jeweilige Nationalstaat einmal gegründet war, die Kultur der Region in oft einschneidender Weise umdefiniert worden ist. Dieser Prozeß ist auch heute nicht abgeschlossen, wie etwa die erzwungene Namensänderung und Vertreibung von vielen muslimischen Bürgern Bulgariens in den späten achtziger Jahren beweist. Bei dieser Neudefinition geht es darum, „orientalische", d.h. osmanische Komponenten möglichst rasch zum Verschwinden zu bringen. In vielen Fällen hat dies auch bedeutet, daß man die osmanischen Baudenkmäler dem Verfall überließ, oder, wie in dem Krieg, der die Auflösung Jugoslawiens begleitete, diese sogar vorrangig zerstörte.

Andererseits gibt es auch griechische und bulgarische Historiker, die dafür plädieren, die osmanische Geschichte mit mehr wissenschaftlicher Distanz zu betrachten. Auch bei türkischen Historikern findet sich die gleiche Tendenz. In den letzten Jahren hat sich eine wissenschaftliche *community* gebildet, die die reichen Materialien der osmanischen Archive zur Geschichte der religiösen und ethnischen Minderheiten nutzbar zu machen versucht. Unter jüngeren türkischen Historikern/innen ist es erfreulicherweise heute durchaus modern, Griechisch zu lernen, und unter ihren griechischen Kollegen/innen ist das Interesse an der osmanischen Geschichte reger denn je. Zugleich ist man, zumindest unter manchen Fachleuten, davon abgekommen, griechische, armenische oder syrisch-katholische Untertanen des Sultans, die ihren Lebensunterhalt durch den Handel verdienten, als „Werkzeuge" des imperialistischen Europa zu verteufeln. Heute versteht man besser, daß auch diese Menschen nach wirtschaftlicher Eigenständigkeit strebten, selbst wenn ihr Kampf, bei den Machtmitteln, die die kapitalistischen Metropolen einsetzen konnten, schließlich nicht zu gewinnen war.

Zeittafel

1326	Osmanische Eroberung von Bursa.
1331	Eroberung von Iznik (Nicaea).
1352	Beginn der osmanischen Eroberungen in Thrakien.
1361	Wahrscheinliche Eroberung Edirnes (Adrianopels).
1376	Andronicos V. mit osmanischer Hilfe byzantinischer Kaiser, übergibt Gelibolu an die Osmanen.
1389	Schlacht auf dem Amselfeld (Kosovo). Thronbesteigung Sultan Bayezids I.
1389–92	Osmanische Eroberung zahlreicher anatolischer Kleinfürstentümer.
1396	Bayezid I. besiegt europäisches Kreuzfahrerheer bei Nicopolis.
1398	Osmanische Eroberung des bulgarischen Fürstentums Vidin.
1402	Bayezid I. von Timur besiegt und gefangengenommen. Wiederherstellung der anatolischen Fürstentümer.
1402–13	Thronstreitigkeiten unter den Söhnen Bayezids I.
1430	Osmanische Eroberung des ehemals venetianischen Saloniki.
1444	Sieg über europäisches Koalitionsheer vor Varna.
1451–81	(Zweites) Sultanat Mehmeds II., „des Eroberers".
1453	Eroberung Konstantinopels (Istanbuls) durch Mehmed II.
1460–64	Osmanische Eroberung der Peloponnes.
1468–74	Endgültige Eroberung des zentralanatolischen Fürstentums Karaman.
1470	Eröffnung des Baukomplexes der Eroberermoschee (Istanbul).
1473	Sieg Mehmeds II. über den Akkoyunlufürsten Uzun Hasan.
1483	Thronstreit zwischen Bayezid II. und dem Prinzen Cem endet mit des letzteren Flucht nach Rhodos.
1484–91	Krieg zwischen Osmanen und Mamluken.
1500–04	Schah Ismail festigt seine Macht in Iran und Irak.
1514	Sieg Selims I. über Schah Ismail bei Çaldıran (Iran); kurzfristige Eroberung von Täbris.
1516/17	Osmanische Eroberung Syriens und Ägyptens; Ende des Mamlukensultanats. Mekka und Medina werden osmanisch.
1521	Eroberung der ungarischen Grenzfestung Belgrad.
1522	Eroberung des von den Johannitern besetzten Rhodos.
1526–41	Schlacht bei Mohacz. Ungarn wird zur osmanischen Provinz.
1529	Erste Belagerung von Wien.
1543	Einnahme von Nizza durch französisch-osmanische Flotte.
1551	Eroberung von Tripolis (Libyen).
1556	Eröffnung der Süleymaniye Moschee (Istanbul).

1570–73	Osmanische Eroberung Zyperns.
1571	Niederlage der osmanischen Flotte vor Lepanto.
1574	Dritte (und endgültige) Eroberung von Tunis.
1574	Eröffnung der Selimiye Moschee (Edirne).
1578–90	Krieg mit Iran.
1593–1606	Osmanisch-Habsburgischer („langer") Krieg in Ungarn.
1596	Osmanischer Sieg bei Mezökeresztes.
1617	Eröffnung der Sultan Ahmed Moschee.
1623	Eroberung des vordem osmanischen Bagdad durch Schah Abbas.
1638	Feldzug Murads IV. gegen den Schah; Rückeroberung Bagdads.
1656–61	Großwesirat Mehmed Köprülüs.
1661–76	Großwesirat Fazıl Ahmed Köprülüs.
1645–69	Osmanische Eroberung Kretas.
1660–64	Osmanisch-habsburgischer Krieg.
1663	Niederlage osmanischer Truppen bei St. Gotthard/Raab.
1672	Osmanische Eroberung von Kamieniecz-Podolsk (größte Ausdehnung des Reichsterritoriums).
1681	Friede von Radzin; ein Niemandsland trennt russisches von osmanischem Gebiet.
1683	Zweite Belagerung Wiens.
1686	Habsburgische Eroberung Budas (heute: Budapest).
1687	Venezianische Angriffe auf osmanisches Territorium in Griechenland; Zerstörung des Parthenon. Absetzung Mehmeds IV.
1697	Niederlage der Osmanen bei Zenta.
1703	Absetzung Sultan Mustafas II.
1703–30	Regierungszeit Sultan Ahmeds III.; Gipfel höfischer Eleganz im sogenannten Tulpenzeitalter.
seit 1705	Autonomie von Tunis unter einer lokalen Dynastie.
1716–18	Habsburgisch-osmanischer Krieg.
1720	Wiedergewinnung der von den Venezianern besetzten Peloponnes.
1725–83	Die ʿAzm beherrschen als lokale Potentaten Damaskus.
1755	Eröffnung der Nuruosmaniye Moschee (Istanbul).
1763–73	Der Mamluken-bey Ali al-Kabir kontrolliert Ägypten.
1768–74	Osmanisch-russischer Krieg, der mit dem für die Osmanen verlustreichen Frieden von Küçük Kaynarca endet.
1783	Zarin Katharina II. annektiert die Krim.
1788–1822	Tepedelenli Ali Paşa kontrolliert einen großen Teil des westlichen Balkans.
1791	Selim III. begründet das Militärkorps „Neue Ordnung".
1798	Napoleons Einfall in Ägypten.
1807	Absetzung Selims III. durch eine Janitscharenrevolte.

1808–39	Regierung Mahmuds II.; er bricht die Macht zahlreicher Lokalherrscher auf dem Balkan und in Anatolien.
1821–30	Griechischer Aufstand niedergeschlagen, europäische Großmächte veranlassen Begründung eines Staates auf der Peloponnes und Attika.
1826	Begründung eines neuen Militärkorps „Die siegreichen Soldaten Muhammads". Abschaffung des Janitscharenkorps.
1828/29	Russisch-osmanischer Krieg.
1830	Anerkennung Serbiens als autonomes Fürstentum.
1831	Die Truppen Mehmed Alis, des rebellischen Gouverneurs von Ägypten, stehen vor Kütahya.
1839	Osmanische Truppen durch die Truppen Mehmed Alis bei Nizip geschlagen.
1839	Edikt von Gülhane: Tanzimat.
1840	Mehmed Ali wird durch Eingreifen europäischer Großmächte zur Rückkehr in den osmanischen Staatsverband gezwungen.
1853–56	Krimkrieg.
1856	Zweites Tanzimatedikt hebt die rechtlichen Privilegien der Muslime auf.
1876–77	Erste osmanische Verfassung; von Abdülhamid II. außer Kraft gesetzt.
1878	Russische Truppen in den Vororten Istanbuls; Vertrag von San Stefano; Berliner Kongreß: Schaffung eines autonomen Fürstentums Bulgarien.
1897	Griechisch-osmanischer Krieg endet mit osmanischem Sieg.
1908	„Jungtürkischer" Aufstand zwingt Abdülhamid II. zur Wiederherstellung der Verfassung.
1909	Nach mißlungenem antikonstitutionellem Aufstand Absetzung Abdülhamids.
1911	Besetzung von Tripolis durch Italien.
1912/13	Erster Balkankrieg: Serbien, Montenegro, Griechenland und Bulgarien nehmen Makedonien und Edirne ein.
1913	Zweiter Balkankrieg; osmanische Rückeroberung Edirnes.
1914	Teilnahme am Ersten Weltkrieg auf der Seite der Mittelmächte; hohe Verluste bei Sarıkamış.
1915	Erfolgreiche Verteidigung Galipolis gegen Commonwealth-Truppen.
1916	Sykes-Picot Abkommen zur Aufteilung des Reiches in englische und französische Kolonien bzw. Interessensphären.
1918	Vordringen osmanischer Truppen im Kaukasusgebiet; Zurückweichen der osmanischen Front in Syrien und Palästina; Waffenstillstand von Mudros.
1920	Aufteilung des Osmanischen Reiches durch den Vertrag von Sèvres.

1919–22   Griechischer Angriff auf Anatolien; von lokal rekrutierten Truppen unter dem Kommando Mustafa Kemals zurückgeschlagen.

1923   Vertrag von Lausanne: völkerrechtliche Anerkennung der Republik Türkei, Bevölkerungsaustausch zwischen Türkei und Griechenland.

Anmerkungen

1 Für Ermunterung und Anregungen bedanke ich mich bei Hedda Reindl-Kiel, Cemal Kafadar, Machiel Kiel und, wie schon so oft, Christoph Neumann. Leider war es auf dem engen Raum nicht möglich, die vielen guten Vorschläge zu berücksichtigen.

2 [Osman Ağa] (1962), *Der Gefangene der Giauren. Die abenteuerlichen Schicksale des Dolmetschers Osman Ağa aus Temeschwar, von ihm selbst erzählt*, übs. und erläutert von Richard Kreutel and Otto Spies (Wien: Verlag Styria)

3 Aigen, Wolffgang (1980), *Sieben Jahre in Aleppo (1656–1663), Ein Abschnitt aus den „Reiß-Beschreibungen" des Wolffgang Aigen*, hrsg. von Andreas Tietze (Wien: Verlag der wissenschaftlichen Gesellschaften Österreichs). Dernschwam, Hans (1923); *Hans Dernschwams Tagebuch einer Reise nach Konstantinopel und Kleinasien (1553–1555)*, hrsg. von Franz Babinger (München, Leipzig: Duncker und Humblot)

4 Schiltberger, Johannes (1983), *Als Sklave im Osmanischen Reich und bei den Tataren 1394–1427*, hrsg. und übs. von Ulrich Schlemmer (Stuttgart: Erdmann-Thienemann)

5 Wild, Johann (1964), *Reysbeschreibung eines Gefangenen Christen Anno 1604*, hrsg. von Georg A. Narciß and Karl Teply (Stuttgart: Steingrüben)

6 Braudel, Fernand (1966), *La Méditerranée et le monde méditerranéen à l'époque de Philippe II*, 2 Bde. (Paris: Armand Colin); (1979), *Civilisation matérielle, économie et capitalisme*, 3 Bde. (Paris: Armand Colin)

7 Romano, Ruggiero (1980). *Die Gleichzeitigkeit des Ungleichzeitigen. Fünf Studien zur Geschichte Italiens* (Frankfurt/Main: Suhrkamp)

8 Wallerstein, Immanuel (1974, 1980, 1989), *The Modern World-System*, 3 Bde. (New York: Academic Press)

9 Quataert, Donald (1993), *Ottoman Manufacturing in the Age of the Industrial Revolution* (Cambridge: Cambridge University Press)

10 Genaugenommen handelt es sich um die zweite Regierungszeit dieses Sultans, da er bereits als sehr junger Mensch 1444–46 einmal den Osmanenthron innegehabt hatte.

11 Anomym (1927), *Das Vilâyet-nâme des Hâggi Bektasch, ein türkisches Derwischevangelium*, übs. von Erich Gross (Leipzig: Majer und Müller)

12 Die offizielle Begründung war, Kaffee habe ähnlich berauschende Wirkungen wie der nach islamischem religiösem Recht verbotene Wein. In Wirklichkeit ging es wohl eher um die Geselligkeit des Kaffeehauses, wo das, was die männlichen Stadtbewohner untereinander besprachen, nicht leicht zu kontrollieren war.

13 Dieser Ausdruck wurde lange benutzt, um eine in Anatolien noch heute verbreitete heterodoxe Gruppe zu bezeichnen; er gilt jetzt als despektierlich und ist durch „Alevi" ersetzt.

14 Seyyidî Alî Reîs, *Le miroir des pays. Une anabase ottomane à travers l'Inde et l'Asie centrale,* übs. von Jean-Louis Bacqué-Grammont (Paris: Sindbad, Actes Sud, 1999)

15 Siehe Cornell Fleischer (1986). *Bureaucrat and Intellectual in the Ottoman Empire, The Historian Mustafa Âli (1541–1600)* (Princeton: Princeton University Press), S. 298. So modern diese Argumentation klingt, so entspricht sie dem Denken vieler islamischer Rechts- und Gottesgelehrter: Es galt als läßlich, wenn ein Mann aus Not die Zahl seiner Kinder beschränkte, nur durfte das nicht ohne die Zustimmung seiner Frau geschehen. Man vergleiche damit die Praxis, noch in viktorianischer Zeit weitverbreitet, daß einer bekanntermaßen tuberkulosegefährdeten Frau von einem „liebenden" Ehemann zahlreiche Schwangerschaften zugemutet wurden.

16 Seit der Mitte des 15. Jahrhunderts hatten die osmanischen Sultane die Gepflogenheit aufgegeben, Töchter benachbarter Herrscher zu ehelichen. Das Ende der anatolischen Kleinfürstentümer trug zu dieser Entwicklung bei wie auch (nach 1500) die Tatsache, daß schiitische Prinzessinnen aus Iran schon wegen ihrer religiösen Überzeugungen nicht als geeignete Heiratskandidatinnen betrachtet wurden. Auch scheint die Organisation des Sultanspalastes in seinem männlichen Teil ein Vorbild für den Harem dargestellt zu haben. Wie die Pagen abhängige Diener (*kul*) waren, so standen auch die Frauen des Harems in einem Verhältnis der Unterordnung zum Herrscher, das dem der Sklaverei zumindest nahe kam. Töchter indischer oder zentralasiatischer Herrscher hätten sich in eine solche Organisation nur sehr schwer einfügen können.

17 Die hier besprochenen Personen sind ausgewählt worden, weil über sie neuere Monographien vorliegen. Robert Dankoff (1991), *The Intimate Life of an Ottoman Statesman, Melek Ahmed Pasha (1588–1662) As Portrayed in Evliya Çelebi's* Book of Travels, eingeleitet von Rhoads Murphey (Albany NY: SUNY Press) und Gottfried Hagen (2003). *Ein osmanischer Geograph bei der Arbeit, Entstehung und Gedankenwelt von Katib Čelebis Ğihannüma* (Berlin: Klaus Schwarz Verlag).

18 Zur Autobiographie Kâtib Çelebi's: ders. (1957), *The Balance of Truth*, übs. von G. L. Lewis (London)

19 Evliyâ Çelebi (1987), *Im Reiche des Goldenen Apfels. Des türkischen Weltenbummlers Evliyâ Çelebi denkwürdige Reise in das Giaurenland und in die Stadt und Festung Wien anno 1665*, übs. und erläutert von Richard Kreutel, Erich Prokosch und Karl Teply (Graz: Verlag Styria)

19 Albertus Bobovius (1999), *Topkapi, Relation du sérail du Grand*

120

Seigneur, hrsg. und erläutert von Annie Berthier und Stéphane Yérasimos (Paris: Sindbad, Actes Sud)

21 [Ahmed Resmi] (Neudruck 1983), *Des türkischen Gesandten Resmi Ahmed Efendi gesandtschaftliche Berichte von Berlin im Jahre 1763* (Berlin)

22 Mit diesem Ausdruck bezeichnet man eine Serie von Illustrationen biblischer Geschichten, etwa in einer Kirche, besonders an Menschen gerichtet, die keinen Zugang zu Büchern haben.

23 Für eine französische Übersetzung siehe: Mehmed Efendi (1981), *Le paradis des infidèles, un ambassadeur ottoman en France sous la Régence*, übs. von Julien Claude Galland, erläutert von Gilles Veinstein (Paris: François Maspéro-La Découverte)

24 Andreasyan, Hrand (1962/63), „Bir Ermeni Kaynağına göre Celali İsyanları" *Tarih Dergisi*, XIII, 17–18, S. 27–42.

25 Natürlich könnte man argumentieren, daß aufgrund der Weltmarkt-Integration mehr Geld ins Land kam und der Binnenmarkt deswegen aufnahmefähiger wurde. Aber bei der Verarmung der Produzenten, die die Integration in den Weltmarkt während des 19. Jahrhunderts so oft verursacht hat, ist diese Hypothese wenig glaubhaft.

26 Sehr wenige Informationen haben wir bis jetzt über die christlichen Frauen des Balkans; etwas besser steht es, besonders in jüngster Zeit, mit unseren Kenntnissen über die jüdischen Frauen Istanbuls. Intensivere Forschungen könnten sich lohnen: so wissen wir seit der Publikation der Kataloge des Benaki-Museums zu Athen, daß es im 17. Jahrhundert in Istanbul eine Stickerin namens Despina gab, die ihre Werke signierte und auch Aufträge aus anderen Städten erhielt.

27 Da die Ereignisse, die zur Entstehung Serbiens, Griechenlands und Bulgariens führten, in jeder Geschichte des Balkanraums ausführlich diskutiert werden, sei auf die einschlägige Literatur verwiesen. Auf deutsch siehe Hösch, Edgar (1989), *Geschichte der Balkanländer* (München: C.H. Beck); auf englisch u.a. Jelavich, Barbara (1983), *History of the Balkans, Eighteenth and Nineteenth Centuries* (Cambridge: Cambridge University Press).

28 Michael Palairet, *The Balkan Economics, c. 1800–1914, Evolution without Development* (Cambridge: Cambridge University Press, 1997)

29 Nur die Zeitschrift *Kadınlar Dünyası* (Die Welt der Frauen) wurde ausschließlich von Frauen hergestellt.

Weiterführende Literatur

Davison, Roderic (3. Auflage 1998). *Turkey, a Short History*, bearbeitet von Clement Dodd (Huntingdon: The Eothen Press). (Diskussion der älteren osmanischen Geschichte veraltet, aber sehr informativ für das 19. und 20. Jahrhundert.)

Faroqhi, Suraiya (1995). *Kultur und Alltag im Osmanischen Reich* (München: C. H. Beck). (Ausführliche Bibliographie).

Faroqhi, Suraiya (1999). *Approaching Ottoman History, An Introduction to the Sources* (Cambridge: Cambridge University Press). (Diskussion osmanischer wie nichtosmanischer Archivalien und Literatur.)

Hösch, Edgar (3. Auflage 1995). *Geschichte der Balkanländer, von der Frühzeit bis zur Gegenwart* (München: C. H. Beck). (Gute Einführung trotz des knappen Raumes, der für die osmanische Periode zur Verfügung stand.)

Imber, Colin (2002). *The Ottoman Empire, 1300–1650, The Structure of Power* (Houndsmills, Basingstoke: Palgrave-Macmillan) (Befaßt sich mit Politik, Institutionen und Recht).

Inalcık, Halil (1978). *The Ottoman Empire, Conquest, Organization and Economy* (London: Variorum Reprints). (Eine Sammlung klassischer Aufsätze des Altmeisters der osmanischen Geschichte.)

Inalcık, Halil mit Donald Quataert (Hrsg.) (1997). *An Economic and Social History of the Ottoman Empire, 1300–1914*, 2 Bde. (Cambridge: Cambridge University Press). (Beiträge verschiedener Autoren, insbesondere der beiden Herausgeber, ausführliche Bibliographien.)

Issawi, Charles (1980). *The Economic History of Turkey, 1800–1914* (Chicago und London: The University of Chicago Press). (Anders als der Titel erwarten läßt, handelt es sich hier nicht um eine Wirtschaftsgeschichte wie die von Owen oder Pamuk, sondern um eine Anthologie von z.T. schwer zugänglichen Texten aus Primär- und Sekundärliteratur.)

Jelavich, Barbara (1983). *History of the Balkans*, Bd. 1 *Eighteenth and Nineteenth Centuries* (Cambridge: Cambridge University Press). (Vergleichende Darstellung der habsburgischen und osmanischen Geschichte)

Kafadar, Cemal (1995). *Between Two Worlds, The Construction of the Ottoman State* (Berkeley, Los Angeles: University of California Press). (Sehr zu empfehlen; besonders gelungene Diskussion der Forschungslage; man lernt etwas über die Osmanen wie auch über die intellektuelle Geschichte des 20. Jahrhunderts.)

Kreiser, Klaus (2001). *Der osmanische Staat, 1300–1922* (München: Oldenbourg) (Nicht chronologisch, sondern thematisch gegliedert; ausführliche Diskussion von Forschungsproblemen, maßgebliche Bibliographie).

Kreiser, Klaus und Neumann, Christoph (2003). *Kleine Geschichte der Türkei* (Ditzingen: Reclam) (Mit über 500 Seiten umfangreicher, als der Titel erwarten läßt).

Mantran, Robert (1989). *Histoire de l'Empire ottoman* (Paris: Fayard). (Beiträge mehrerer Autoren, die Bibliographie berücksichtigt besonders die reichhaltige französische Produktion; politische Geschichte stärker im Vordergrund als bei Inalcık mit Quataert, besonders gut die Geschichte der arabischen Provinzen.)

Matuz, Josef (1985). *Das Osmanische Reich, Grundlinien seiner Geschichte* (Darmstadt: Wissenschaftliche Buchgesellschaft). (Gute Einführung, von einem Kenner osmanischer Urkunden.)

McCarthy, Justin (1997). *The Ottoman Turks, An Introductory History to 1923* (London, New York: Longman). (Von einem Bevölkerungshistoriker, berücksichtigt die sonst oft vernachlässigten Leiden der muslimischen Bevölkerung während der Auflösung des Osmanischen Reiches; leider ohne Bibliographie.)

Neumann-Adrian, Michael und Christoph K. Neumann (1990). *Die Türkei, ein Land und 9000 Jahre Geschichte* (München: Paul List). (Gut lesbare Einführung, nur die knappe Hälfte des Buches betrifft die osmanische Geschichte.)

Ortaylı, Ilber (1983). *İmparatorluğun en Uzun Yüzyılı* (Istanbul: Hil Yayinevi). ("Das längste Jahrhundert des Reiches" ist, wie schon erklärt, das neunzehnte; ausgezeichnete Darstellung der osmanischen Oberschicht.)

Owen, Roger (1981). *The Middle East in the World Economy 1800–1914* (London: Methuen & Co). (Ein Klassiker; befaßt sich vor allem mit den arabischen Provinzen; keine osmanischen Archivquellen, aber dafür vorzügliche Kenntnis der Forschung.)

Pamuk, Şevket (1999). *Osmanlı İmparatorluğunda Paranin Tarihi* (Istanbul: Tarih Vakfı Yurt Yayınları). (Der Titel besagt "Geschichte des Geldes im Osmanischen Reich", aber das Buch ist eher eine Wirtschaftsgeschichte an Hand des Geldes. Überaus lesenswert; englische Ausgabe ebenfalls 1999 bei Cambridge University Press.)

Sugar, Peter (1977). *Southeastern Europe under Ottoman Rule, 1354–1804* (Seattle, London: University of Washington Press). (Pionierleistung; versucht, die Kulturgeschichte als gleichgewichtiges Moment in die Darstellung einzubeziehen.)

Turan, Şerafettin (1990). *Türk Kültür Tarihi, Türk Kültüründen Türkiye Kültürüne ve Evrenselliğe* (Ankara: Bilgi Yayınevi). ("Türkische Kulturgeschichte: von der Kultur der Turkvölker zur Kultur der Türkei und zum Universalismus"; wie der Titel schon andeutet, geht es hier um den schwierigen Versuch, die nationale Kulturgeschichte als Teil größerer Zusammenhänge zu betrachten.)

Zürcher, Erik Jan (1993). *Turkey, a Modern History* (London: I. B. Tauris). (Gute Darstellung der letzten Jahrzehnte des Osmanischen Reiches sowie der Verbindungslinien zwischen diesem Staat und der Republik Türkei)

Register

124

C.H.BECK ■ WISSEN
in der Beck'schen Reihe

Zuletzt erschienen: